D1672230

Beim
Schweizer Wirt
Gaumenfreuden
im Isarwinkel

Barbara und Manfred Hipp

Beim
Schweizer Wirt
Gaumenfreuden
im Isarwinkel

Illustrationen von Brigitte von Hausen
Fotos von Jan Roeder

HUGENDUBEL

Die Deutsche Bibliothek – CIP-Einheitsaufnahme
Beim Schweizer Wirt: Gaumenfreuden im Isarwinkel / Barbara
und Manfred Hipp. Ill. von Brigitte von Hausen. – München:
Hugendubel, 1994
(Kulinarisch)
ISBN 3-88034-726-3
NE: Hipp, Barbara; Hausen, Brigitte von

© Heinrich Hugendubel Verlag, München 1994
Alle Rechte vorbehalten

Text und Redaktion: Cornelia Klaeger
Umschlaggestaltung: Zembsch' Werkstatt, München
Produktion: Tillmann Roeder, München
Satz: Uhl + Massopust, Aalen
Reproduktion: Color Line, Verona
Papier: Praxiedelmatt, holzfrei, tcf.
Druck und Bindung: Bosch-Druck, Landshut
Printed in Germany

ISBN 3-88034-726-3

Inhalt

Einleitung 9
Einige Hinweise zu unseren Rezepten 20
Kleines Glossar 20

Suppen, Vorspeisen, Salate 21

Rinderkraftbrühe mit dreierlei Nockerl 24
Tomatenessenz mit Topfennockerl 26
Gerstensuppe 26
Kalte Gurkensuppe 28
Bärlauchsuppe 28
Huhn im Topf 30
Carpaccio von der Rinderlende, gefüllt mit Steinpilzen 30
Kaninchensülze auf Löwenzahnsalat 32
Pfifferlinge in Rahm mit kleinem Brez'nknödl 34
Geräucherter Waller auf einem Linsensalat 34
Feldsalat mit Speck-Walnuß-Dressing 36
Kartoffelsalat 36
Krautsalat 38
Selleriesalat 38
Lauch-Zwiebelkuchen 40
Mousse von geräuchertem Saibling 40
Radieserlsalat 41

Hauptgerichte 43

Schweinebraten mit Kruste 46
Spanferkelkoteletts 46
Mit Kräutertopfen gefüllte Perlhuhnbrust 48
Entenbrust mit eigener Leber gefüllt 48
Bauernente 50
Gebratene Gans 52
Geschmorte Gamskeule 52
In Rotwein geschmorte Kaninchenkeulen 53
Rehragout 53
Rehrücken mit glasierten Maronen 54
Kalbsherz mit Rahmkohlrabi 58

Kalbslüngerl 60

Kalbsnüßchen 60

Tafelspitz mit zwei kalten Saucen 61

Pochiertes Rinderfilet 61

Karpfengulasch 62

Forelle mit Gemüse in der Folie 62

Lachsforelle im Strudelteig auf Rieslingsauce 63

Hechtnockerl auf Kerbelrahm 66

Beilagen 67

Kartoffelknödel 68

Kartoffelkrapferl 68

Spinatknödel 68

Schupfnudeln (Fingernudeln) 68

Polentadukaten 70

Haselnußpaunzen 70

Kaspreßknödel 70

Bayrisch Kraut 70

Semmelknödel 71

Blaukraut 71

Tölzer Käseteller 72

Mehlspeisen und Desserts 75

Zwetschgenknödel mit Zimteis 78

Rohrnudeln auf Vanillesauce mit Backpflaumeneis 80

Soufflierte Orangentörtchen 81

Grießsoufflé mit Orangenragout 81

Traubenstrudel auf Weinschaum 82

Blaubeer-Topfen-Gratin 84

Kaiserschmarrn 84

Hollertaschen 85

Hollerkücherl 85

Rahmdalken mit Beerenragout 86

Rhabarbercharlotte mit Erdbeersauce 88

Mürbeteig (Grundrezept) 90
Apfelkuchen 90
Aprikosenstreuselkuchen 90
Birnen-Nuß-Kuchen 91
Käsekuchen 91
Vanillekipferl 92
Buttergebäck 92
Albertkekse 92

Adressen 95

Barbara und Manfred Hipp bedanken sich bei Frau Edith Kramer, durch deren Engagement die Idee, ein Buch über den »Schweizer Wirt« zu machen, erst realisiert wurde. In der Galerie von Edith Kramer sind übrigens auch die Bilder von Brigitte von Hausen ausgestellt:

Galerie »Die Tenne«
Edith Kramer
Dorfstraße 17
83646 Wackersberg/Bad Tölz
Telefon 0 80 41/7 17 11

Ganz herzlich möchten sich Barbara und Manfred Hipp bei ihren Mitarbeitern bedanken, die sich auch in turbulenten Zeiten mit Engagement dafür einsetzen, daß sich die Gäste im «Schweizer Wirt» immer wieder wohl fühlen. Besonderen Dank möchte Barbara Hipp Herrn Walter Karcher aussprechen, der mit ihr zusammen schon viele Jahre für das leibliche Wohl der Gäste sorgt.

Der Schweizerbauer b. Tölz

leitet seinen Namen davon ab, daß im Jahre

1632

aus dem Kurfürstlichen Hofstall in Schleißheim dorthin heimlich vor den Schweden 40 Schweizerkühe gebracht wurden. Sie wurden trotzdem von den Schweden ausfindig gemacht und weggetrieben. Von den Tölzern verfolgt gelang es diesen, ihnen den Raub bei Kirchbichl wieder abzunehmen, wofür sie als Belohnung 100 Gulden erhielten.

Einleitung

Von der einfachen Bauernwirtschaft zum Geheimtip für Genießer

In einem der schönsten Flecken von Oberbayern, im Isarwinkel – zwischen Bad Tölz und Lenggries –, steht auf einer Anhöhe der historische Gasthof »Schweizer Wirt«. Sein Name hat übrigens nichts mit dem gleichnamigen Land zu tun, sondern den verdankt er 40 Schweizer Kühen, die im Dreißigjährigen Krieg von den Schweden gestohlen und von den Tölzer Bauern zurückerobert wurden.

Das ehemalige Bauernhaus genießt schon lange seinen Ruf als günstig gelegenes Ausflugslokal am Isarwanderweg und hielt immer Brotzeiten für die Wanderer bereit. Doch seitdem Barbara und Manfred Hipp – eine bayerisch-österreichische Verbindung – das Haus führen, wird in diesem Gemäuer weit mehr geboten als eine Brotzeit und ein Bier für den hungrigen Wanderer. Mittlerweile ist der »Schweizer Wirt« ein Geheimtip für ausgefallene bayerische Küche. Die Devise des Hauses lautet »Gastlichkeit für den Gast«. Das Ambiente, die Vielfältigkeit der Speisekarte, die Qualität dessen, was auf den Teller kommt, und – last but not least – die angebotenen Getränke beweisen jedem Gast, daß diese Devise immer wieder in die Tat umgesetzt wird.

Mit Brotzeiten fing alles an

Der Aufstieg des »Schweizer Wirt« begann 1983, als das Ehepaar Hipp den Kochlöffel übernahm und, wie die Vorgänger, mit klassischen bayerischen Brotzeiten sowie Schweins- und Zwiebelbraten seine Gäste bewirtete.

Nie hatten sie daran gedacht, aus der einfachen Bauernwirtschaft einen Gasthof mit dem jetzigen Ruf aufzubauen. Gewiß war es immer das Ziel, daß sich die Gäste wohlfühlen sollten und gerne einkehrten, doch daß die Küche gar sterneverdächtig sein könnte und die Gäste aus ganz Oberbayern kommen würden – daran wurde kein Gedanke verschwendet.

Sie schwingt den Kochlöffel – er kümmert sich um die Gäste

Nach Unterzeichnung des Pachtvertrags wurde die Aufgabenverteilung für die Gastwirtschaft geklärt: Sie, Barbara Hipp, kümmert sich um die Küche, und er, Manfred Hipp, übernimmt den Service.

Die Industriekauffrau hat schon immer leidenschaftlich gern gekocht, und er – gelernter Bäcker – wollte lieber seine Gäste begrüßen und sie nach ihren Wünschen befragen. Bei dieser Aufgabenteilung ist es bis heute geblieben.

Barbara Hipp steht Tag für Tag in der Küche am Herd, um die Gäste mit raffinierten, aber dennoch bodenständigen Gerichten – verfeinert mit einem Schuß Phantasie – zu überraschen. Das Handwerkszeug dazu hat sie

nach Abschluß der Hotelfachschule und mehreren »Lehrjahren« in ver-
schiedenen Häusern erlernt. Erproben tut sie es erst, seit sie ihre eigene
Chefin ist.

In ihrer Küche gelten einfache Gesetze, die für das Ergebnis höchst
entscheidend sind:

Es wird grundsätzlich im Team gearbeitet. Ihre Köche sucht sie sich
möglichst aus dem süddeutschen Raum oder aus Österreich. Butter und
Sahne werden großzügig verwendet und sind ein unerläßliches »Muß« für
die geschmackliche Abrundung und Konsistenz ihrer Gerichte. Saucen sind
ihre Favoriten und werden von daher mit ganz besonderem Ehrgeiz und
viel Muße zubereitet. Fleisch gehört für sie persönlich zu einem guten

Essen – es muß kein großes Stück sein, aber für Barbara Hipp ist es unerläßlich. Sehr viele Mehlspeisen-Rezepte von Hipps stammen aus der österreichischen Küche.

Selbstverständlich wird nur mit besten, frischen, möglichst saisongerechten und regionalen Zutaten gekocht. Die Qualität entscheidet über die Bezugsquelle.

Die Zeit des Hochg'sponnenen ist vorbei

Wird die gebürtige Jachenauerin nach dem Charakter ihrer Küche befragt, so fällt es ihr schwer, diesen mit einem einzigen Begriff zu beschreiben. Ihre Küche ist grundsätzlich bayerisch, und sie bietet auch das, was man landläufig darunter versteht: Schweinsbraten, Knödel, Kraut und vieles

mehr. Insgesamt sind diese Klassiker aber feiner und leichter als die der herkömmlichen bayerischen Küche. Durch eine Mischung aus Kreativität und Können entstehen Gerichte – von den Vorspeisen bis zu den Desserts –, die ihre Wurzeln in Bayern und Österreich haben, auf keinen Fall etwas mit Haute Cuisine zu tun haben und dem Feinschmecker beim Durchlesen der Speisekarte das Wasser im Munde zusammenlaufen lassen.

»Die Zeit vom Hochg'sponnenen ist vorbei: Die Gäste wollen reelle, leicht strukturierte Gerichte auf dem Teller.« Davon sind Hipps überzeugt, und das ist ihre Küchenphilosophie.

In der Küche wird nicht nur gekocht und gebacken; das ganze Jahr hindurch wirkt Barbara Hipp auch als Patisserie-Künstlerin. Sie formt und rollt viele kleine Pralinés, die die Gäste mit dem Kaffee zum Abschluß ihres Menüs angeboten bekommen.

Edle Tropfen stehen bereit

Es liegt auf der Hand, daß im »Schweizer Wirt« die Getränke mit dem gleichen Können und der gleichen Kreativität ausgewählt und zusammengestellt werden wie die Speisen. Der Hausherr persönlich widmet sich dieser Aufgabe mit großem Engagement.

Auf der Weinkarte werden edle Tropfen aus Deutschland, Österreich, Italien, Frankreich, der Schweiz und Spanien angeboten. Es gibt keine bevorzugten Anbaugebiete. Entscheidend ist, wie beim Einkauf der Lebensmittel, die Qualität der einzelnen Weine im jeweiligen Jahr. Allerdings werden die österreichischen Weine ein wenig begünstigt, was mit der Herkunft des Hausherrn und seiner Schwäche für seine Heimat Österreich zusammenhängen mag.

Mit derselben Sorgfalt wie die Weine werden auch die Digestifs – allen voran die Edelbrände und Obstler – eingekauft. So stammt der Wildkirsch- und Vogelbeer-Edelbrand von der Destillerie Lantenhammer am Schliersee, andere Obstler von Jesche aus der Kärntner Heimat von Manfred Hipp, von Morand aus der Schweiz und aus dem Elsaß. Besondere Grappasorten werden aus Italien bezogen und der alte Calvados aus Frankreich.

Wofür die Mühe und Sorgfalt? Nun – ganz einfach: Es macht Spaß, in seinem eigenen Haus Gäste zu bewirten und sie immer wieder bei sich begrüßen zu dürfen. Natürlich ist diese Art der Bewirtung oft sehr anstrengend, aber der spürbare Erfolg – die Zufriedenheit der Gäste – spornt immer wieder zu neuen Ideen an.

Einige Hinweise zu unseren Rezepten

In diesem Buch haben wir Rezepte zusammengestellt, die bei unseren Gästen sehr beliebt sind und für eine bodenständige, zeitgemäße bayerische Küche stehen.

Sie finden Rezepte für das ganze Jahr, die Sie an Ihrem eigenen Herd nachkochen können. Sie werden beim Durchlesen feststellen, daß manche Rezepte recht aufwendig in der Zubereitung sind, andere hingegen verblüffend unkompliziert.

Für viele Fisch- und Fleischgerichte verwenden wir *Rinderkraft-* oder *Geflügelbrühe* (Rezepte Seite 24 bzw. 30) und *Fisch- oder Wildfond* (Rezepte Seite 62 bzw. 53). Die Brühen bereiten wir natürlich täglich in unserem Küchenalltag in großen Mengen zu. Sie stehen immer bereit.

In den Rezepten weisen wir nicht ausdrücklich darauf hin, daß diese Produkte »selbstgemacht« sein sollten.
Selbstverständlich können Sie auch auf Fertigprodukte aus dem Glas oder in anderer Form zurückgreifen. Es lohnt sich aber, die Brühen gelegentlich in größeren Mengen herzustellen und sie dann portionsweise einzufrieren.
Brühen erhalten eine appetitliche gelbe Farbe durch die Zugabe einer *geschwärzten Zwiebel*. Dafür eine Zwiebel halbieren und die Zwiebelhälften in einer Pfanne ohne Fett schwarz rösten.

Zum Kochen verwenden wir häufig Weiß- oder Rotwein. Wenn kein Hinweis auf die Sorte angegeben ist, verwenden wir *Landweine*.

Zum Binden benutzen wir auch *löslichen Saucenbinder* und *Mehlbutter*. Für die Mehlbutter verrührt man etwa 1½ Eßlöffel weiche Butter mit 1 Eßlöffel Mehl. Der lösliche Saucenbinder verleiht den Saucen einen schönen Glanz und muß lediglich in die Sauce eingestreut werden.

Kleines Glossar

Bärlauch	wird auch als wilder Knoblauch bezeichnet und wächst vor allem in Bayern
Brez'n	Laugenbrezel
Dalken	Teigscheiben oder Küchlein, die mit Früchten serviert werden
Holler	Holunderbeeren
Krapferl	im Fett gebackene kleine Happen
Kraut	feingeschnittener Kohl
Kücherl	kleine Kuchen
Laiberl	kleine Klopse
Nockerl	kleine ovale Klöße
Rohrnudeln	Hefeklöße, die dicht nebeneinander gesetzt in einem Bräter im »Rohr« gebacken werden
Topfen	Quark
Wammerl	Bauchspeck, durchwachsener Speck

Suppen
Salate
Vorspeisen

Hausen

Rinderkraftbrühe mit dreierlei Nockerl

Für 4 Personen

500 g Rinderknochen
1 Bund Suppengrün, zerkleinert
Salz und Pfeffer
Muskat

Für die Marknockerl

50 g Rindermark
2 Scheiben geriebenes Weißbrot ohne Rinde
1 Ei
Salz und Pfeffer
Muskat
etwas gehackte Petersilie

Für die Grießnockerl

50 g weiche Butter
1 Ei
100 g Hartweizengrieß
Salz

Für die Lebernockerl

1 kleine Schalotte, fein gehackt
1 Eßlöffel gehackte Petersilie
20 g Butter
100 g Rinderleber
1 Ei
1 Eßlöffel Semmelbrösel
1 Prise getrockneter Majoran
Salz und Pfeffer

gehackte Petersilie zum Bestreuen

Die Rinderknochen kurz in kochendes Salzwasser geben, aufkochen lassen, mit einer Schaumkelle aus dem Wasser nehmen und in kaltem Wasser abschrecken.

Anschließend die Knochen mit etwa 1½ Liter kaltem Wasser aufsetzen, das zerkleinerte Suppengrün hinzufügen und alles etwa 1½ Stunden köcheln lassen. Die Brühe mit Salz, Pfeffer und Muskat würzen, anschließend durch ein feines Tuch passieren.

Für die Marknockerl das Mark in einer Kasserolle auslassen und abkühlen lassen. Das abgekühlte Mark schaumig schlagen, das Ei dazugeben und langsam hineinrühren. Die Brösel unter die Mark-Ei-Masse heben und mit Salz, Pfeffer und Muskat würzen. Gehackte Petersilie zugeben. Die Masse fest werden lassen und daraus kleine Nockerl formen. Diese in schwach siedendem Salzwasser etwa 5 Minuten ziehen lassen, bis die Klößchen an der Oberfläche schwimmen.

Für die Grießnockerl die Butter mit einem Schneebesen schaumig schlagen, das Ei und den Grieß dazugeben und verrühren. Mit Salz abschmecken.
Die Masse etwa 10 Minuten ruhen lassen und mit zwei Teelöffeln Nockerl abstechen. Diese in kochendes Salzwasser geben und etwa 3 Minuten ziehen lassen. Eine Schöpfkelle kaltes Wasser hinzufügen. Dann die Nockerl zugedeckt etwa 15 Minuten ziehen lassen.

Für die Lebernockerl die feingehackte Schalotte mit der Petersilie in Butter andünsten. Die Rinderleber mit Schalotte und Petersilie durch die feine Scheibe des Fleischwolfs drehen. Ei und Semmelbrösel zur Lebermasse geben und vermischen. Mit Majoran, Salz und Pfeffer abschmecken. Nockerl aus der Masse abstechen und in kochendes Salzwasser geben. Die Nockerl 10–15 Minuten ziehen lassen.

Rinderkraftbrühe auf 4 Suppentassen verteilen und von jeder Nockerlsorte ein Nockerl hineingeben. Mit etwas gehackter Petersilie bestreuen.

Tomatenessenz mit Topfennockerl

Für 4 Personen

1 Bund Suppengrün, gewürfelt
1 Zwiebel, gewürfelt
1 Knoblauchzehe, gewürfelt
50 g Speck, gewürfelt
30 g Butter
2 Eßlöffel Tomatenmark
10 Tomaten
1 l Rinderkraftbrühe
Salz und Pfeffer
Oregano
1 Bund Basilikum

Zum Klären

100 g Rindfleisch (fett- und sehnenfrei)
1 Bund Suppengrün, kleingeschnitten
5 Eiweiß

Für die Topfennockerl

200 g Topfen
2 Eigelb
2 Eßlöffel geriebenes Toastbrot ohne Rinde
Salz und Pfeffer

Das gewürfelte Suppengrün und die Zwiebelwürfel mit den übrigen gewürfelten Zutaten in der Butter andünsten. Das Tomatenmark dazugeben und alles leicht anrösten.

Die Tomaten waschen, den Strunk herausschneiden und die Tomaten zu den gerösteten Zutaten geben. Mit der Brühe aufgießen und mit Salz, Pfeffer und Oregano würzen. Das Bund Basilikum hinzufügen und alles etwa 30 Minuten köcheln lassen.

Anschließend das Basilikum herausnehmen, die Suppe durch ein grobes Sieb passieren und kaltstellen.

Das Rindfleisch mit dem kleingeschnittenen Suppengrün durch den Fleischwolf drehen und mit dem Eiweiß gut vermischen.

Die Fleischmasse in die kalte Tomatensuppe geben. Bei schwacher Hitze vorsichtig aufkochen

und umrühren, damit am Topfboden nichts anhängt. Sobald das Fleischeiweiß sich an der Oberfläche absetzt, die Suppe durch ein Passiertuch (Mulltuch) abseihen.

Für die Topfennockerl die angegebenen Zutaten verrühren. Nockerl mit einem Teelöffel abstechen und in siedendem Salzwasser etwa 2–3 Minuten ziehen lassen.

Die Suppe auf 4 Teller verteilen und jeweils 1–2 Topfennockerl hineingeben.

Gerstensuppe

Für 6 Personen

250 g Kasseler
1 Zwiebel, gewürfelt
50 g Butter
250 g Rollgerste
1 Karotte, kleingewürfelt
1 Stange Lauch, kleingewürfelt
Salz und Pfeffer

1 Bund Schnittlauch, in Röllchen geschnitten

Das Kasseler in einen Topf mit 1 Liter kochendem Wasser geben und zugedeckt in etwa 30 Minuten garen. Das Fleisch herausnehmen und beiseite stellen, den Sud durch ein feinmaschiges Tuch abseihen und auffangen.

Die Zwiebelwürfel in der Butter andünsten und die gewaschene Rollgerste dazugeben. Das Ganze mit dem Sud (etwa 1 Liter) auffüllen. Die Suppe etwa 30 Minuten bei schwacher Hitze köcheln lassen, bis die Rollgerste fast weich ist.

Nun die Karottenwürfel dazugeben und die Suppe weitere 5 Minuten köcheln lassen.

Inzwischen das Kasseler in Würfel schneiden und zuletzt mit den Lauchwürfeln zur Suppe geben.

Mit Salz und Pfeffer abschmecken, auf die Teller verteilen und mit den Schnittlauchröllchen bestreuen.

Die Gerste muß unbedingt mit dem Kasseler-Sud aufgegossen werden, dadurch erhält sie ihren unverwechselbaren Geschmack.

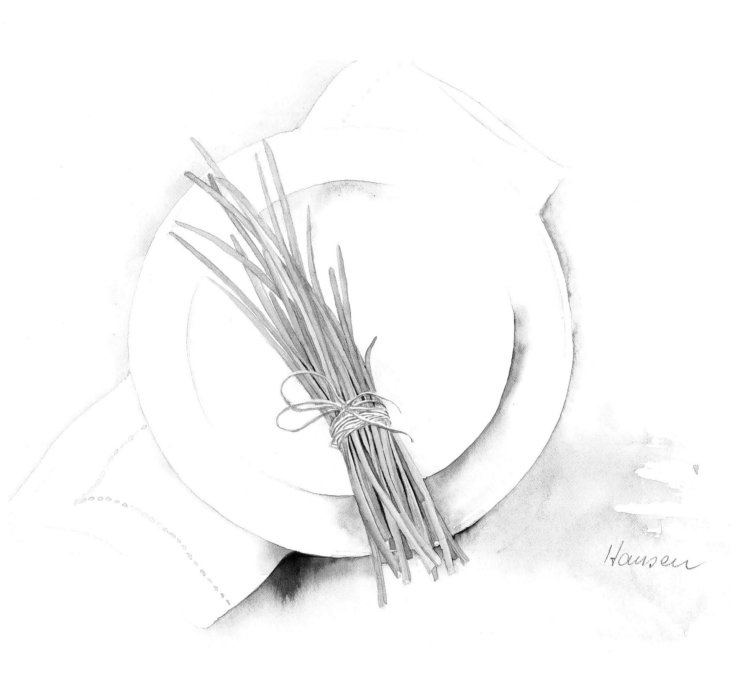

Hansen

Kalte Gurkensuppe

Für 4 Personen

2 Salatgurken
0,2 l kalte Rinderbrühe, abgefettet
Salz und Pfeffer
250 g Sauerrahm
3 Eßlöffel Crème fraîche
1 Teelöffel Zitronensaft
1 Bund Dill, fein gehackt

Die Gurken gründlich waschen und jeweils die beiden Enden abschneiden. Die Gurken der Länge nach halbieren und mit einem Löffel entkernen.

Die Gurkenhälften in größere Stücke schneiden und mit den restlichen Zutaten im Mixer zerkleinern.

Die sommerliche Suppe mit dem gehackten Dill bestreuen und servieren.

Bärlauchsuppe

Für 6 Personen

1–2 Schalotten, kleingewürfelt
150 g Butter
2–3 Eßlöffel Mehl
⅛ l Weißwein
250 g Sahne
¾ l Rinderkraftbrühe
Salz und Pfeffer
Muskat
150 g Bärlauch, grob gehackt
100 g geschlagene Sahne

Die Schalottenwürfel in der Butter glasig dünsten und mit dem Mehl bestäuben. Mit dem Wein ablöschen und mit der Sahne und der Brühe aufgießen. Das Ganze einmal aufkochen lassen und mit Salz, Pfeffer und Muskat würzen.

Die Brühe in der Küchenmaschine mixen und durch ein Sieb passieren. Den Bärlauch mit der geschlagenen Sahne zur Brühe geben und mit dem Stabmixer aufschlagen.

Hansen

Huhn im Topf

Für 4 Personen

1 küchenfertiges Huhn
4 Karotten, grob gewürfelt
1 Stange Lauch, grob gewürfelt
½ Sellerieknolle, grob gewürfelt
1 Lorbeerblatt
10 Pfefferkörner
1 geschwärzte Zwiebel
Salz und Pfeffer

Das Huhn in einen großen Topf mit reichlich kaltem Wasser legen, das zerkleinerte Wurzelgemüse, das Lorbeerblatt und die Pfefferkörner dazugeben und alles zum Kochen bringen.

Das Gemüse nach 30 Minuten und das Huhn nach 1½ Stunden aus der Brühe nehmen.

Die geschwärzte Zwiebel in die Brühe geben und so lange mitköcheln lassen, bis die Brühe eine goldgelbe Farbe angenommen hat.

Mit Salz und Pfeffer abschmecken und durch ein Tuch passieren.

Das Huhn vom Knochen lösen, in mundgerechte Stücke schneiden, mit dem Wurzelgemüse zur Suppe geben und servieren.

Getränkeempfehlung: feine, dezente, aber auch reife Weißweine, wie Weißburgunder, Grauburgunder, Sylvaner.

Carpaccio von der Rinderlende, gefüllt mit Steinpilzen

Für 4 Personen

350 g Rinderlende, ohne Fett und Sehnen
250 g frische Steinpilze
50 g Butter
Salz und Pfeffer
1 Eßlöffel gehackte Petersilie
1 Teelöffel Schnittlauchröllchen
1 Teelöffel gehackter Kerbel

Steinpilzöl
eventuell Balsamico-Essig

Die Rinderlende der Länge nach mit einem scharfen Messer so tief einschneiden, daß man das Filet gut aufklappen kann. Das aufgeklappte Fleisch mit dem Handballen flachdrücken.

Die Steinpilze putzen, würfeln und in etwas ganz heißer, aber nicht brauner Butter andünsten. Mit Salz und Pfeffer würzen. Die Steinpilze und die Kräuter auf die eingeschnittene Lende verteilen und das Fleisch einrollen.

Die Fleischrolle fest in Klarsichtfolie wickeln und 3–4 Stunden einfrieren.

Vor dem Servieren mit der Aufschnittmaschine oder eventuell einem elektrischen Messer in ganz dünne Scheiben schneiden.

Mit Steinpilzöl und eventuell etwas Balsamico-Essig marinieren und das Carpaccio servieren.

Getränkeempfehlung: Chianti Ruffina aus der Toskana.

Hansen

Kaninchensülze auf Löwenzahnsalat

Für 4–6 Personen

2 Kaninchenkeulen
1 Stück Sellerieknolle, grob zerkleinert
1 Karotte
1 Stück Lauchstange, grob zerkleinert
1 geschwärzte Zwiebel
Salz und Pfeffer
1 Karotte, fein gewürfelt
¼ Sellerieknolle, fein gewürfelt
das Weiße von 1 Stange Lauch, fein gewürfelt
1 Eßlöffel gehackte Petersilie
1 Eßlöffel Schnittlauchröllchen
6 Blatt weiße Gelatine
1 Spritzer trockener Sherry
1 Spritzer Sherryessig

Für den Salat

300 g junger Löwenzahn
1½ Eßlöffel Balsamico-Essig
⅛ l Rinderkraftbrühe
½ Eßlöffel gehackte Petersilie
½ Eßlöffel Schnittlauchröllchen
½ Teelöffel gehackter Kerbel
1 Eßlöffel Schalottenwürfel
⅛ l Walnußöl

Die Kaninchenkeulen in einen Topf geben, 1 Liter kaltes Wasser dazugeben und aufkochen. Den Schaum abschöpfen, das grobzerkleinerte Gemüse zum Kaninchen geben, salzen und pfeffern und alles etwa 30 Minuten zugedeckt köcheln lassen.

Das gegarte Fleisch aus der Brühe nehmen, von den Knochen lösen und in Würfel schneiden. Die vorbereiteten Gemüsewürfel blanchieren.

Fleisch- und Gemüsewürfel mit den Kräutern mischen und in eine Terrinenform mit einem Inhalt von 1,5 Liter füllen.

Die Brühe mit Salz und Pfeffer abschmecken und durch ein Sieb streichen. Davon ½ Liter erhitzen und die eingeweichte und ausgedrückte Gelatine darin auflösen. Die Flüssigkeit mit Sherry und Sherryessig abschmecken. Dann über die Fleisch- und Gemüsewürfel gießen und in etwa 3–4 Stunden erstarren lassen. Stürzen und in Scheiben schneiden.

Für den Salat die Löwenzahnblätter gut waschen, welke und harte Außenblättchen abreißen, Wurzelansatz abschneiden. Die Blätter auf vier Teller verteilen.

Aus den übrigen Zutaten eine Kräutervinaigrette rühren und diese über den Salat geben. Jeweils eine Scheibe Kaninchensülze auf den Salat geben.

Getränkeempfehlung: leichter, fruchtiger Rosé-wein (z. B. Château Minuty aus der Provence).

Pfifferlinge in Rahm mit kleinem Brez'nknödl

Für 4 Personen

1 kg Pfifferlinge
4 Schalotten, fein gewürfelt
50 g Butter
Salz und Pfeffer
500 g Sahne
2 Eßlöffel Crème fraîche

Für die Brez'nknödl

2 große Brez'n vom Vortag
1 Schalotte, fein gewürfelt
50 g Butter
2 Eßlöffel gehackte Petersilie
¼ l Milch
2–3 Eier
Salz und Pfeffer
Muskat

Die Pfifferlinge putzen und falls nötig waschen. Die Schalottenwürfel in einer großen Pfanne in der Butter glasig dünsten, die Pfifferlinge dazugeben, mit Pfeffer und Salz würzen und zugedeckt dünsten, bis das aus den Pilzen getretene Wasser verdampft ist. Die Sahne zu den Pilzen gießen und so lange reduzieren, bis die Sauce andickt. Dann die Crème fraîche dazugeben.

Die Brez'n in dünne Scheibchen schneiden und in eine Schüssel geben. Die Schalottenwürfel in der Butter andünsten, 1 Eßlöffel von der Petersilie dazugeben, kurz durchschwenken und mit der Milch aufgießen. Das Ganze aufkochen lassen und über die Brez'n gießen. Die Masse durchkneten, Eier dazugeben und vermengen. Mit Salz, Pfeffer und Muskat abschmecken und kurz durchziehen lassen. Mit nassen Händen Knödel mit einem Durchmesser von etwa 5 cm formen.

In Salzwasser 5–10 Minuten garziehen lassen. Jeweils 1 Knödel auf einen Teller geben, die Rahmpfifferlinge dazugeben und mit der restlichen Petersilie bestreuen.

Getränkeempfehlung: schöne Rieslinge (z. B. Ried Klaus Federspiel von Josef Jamek, Wachau).

Geräucherter Waller auf einem Linsensalat

Für 4–6 Personen

1 geräuchertes Wallerfilet (ca. 400 g)

2 Schalotten, fein gewürfelt
50 g geräuchertes Wammerl, fein gewürfelt
50 g Butter
1 kleine Karotte
½ Stange Lauch
1 kleines Stück Sellerieknolle
1 Eßlöffel Tomatenmark
250 g rote, gelbe und schwarze Linsen
etwa ¼ l Rinderkraftbrühe
Salz und Pfeffer
je 1 Eßlöffel Weißwein- und Balsamico-Essig
3 Eßlöffel Walnußöl

Die Schalotten- und Wammerlwürfel in der Butter andünsten. Das feingewürfelte Wurzelgemüse dazugeben, kurz mitdünsten und das Tomatenmark untermischen.

Die Linsen zum gewürzten Gemüse geben und mit so viel Brühe aufgießen, daß sie bedeckt sind. Etwa 20 Minuten köcheln lassen, bis die Linsen gar sind.

Mit Salz und Pfeffer würzen, mit Essig und Öl abschmecken und lauwarm mit einem Stück geräuchertem Waller servieren.

Getränkeempfehlung: Weißweine mit Körper und Charakter, wie Chardonnay, Elsässer Riesling, anspruchsvollere italienische Weißweine (z. B. Gavi).

Hansen

Feldsalat mit Speck-Walnuß-Dressing

Für 4 Personen

1–2 Schalotten, gewürfelt
50 g geräuchertes Wammerl, gewürfelt
Öl zum Rösten
Salz und Pfeffer
50 ml Weißweinessig
1 Teelöffel scharfer Senf
1 Knoblauchzehe, gehackt
4 Eßlöffel Rinderkraftbrühe
8 Eßlöffel Walnußöl

300 g Feldsalat

Für das Dressing Schalotten- und Wammerlwürfel in etwas Öl anrösten. Salz, Pfeffer, Essig, Senf, Knoblauch und Brühe dazugeben. In den Mixer geben und das Walnußöl darunterschlagen.

Den Feldsalat gründlich waschen, gut abtropfen lassen, auf die Teller verteilen und das Dressing darübergießen.

Kartoffelsalat

Für 4 Personen

6 mittelgroße festkochende Kartoffeln
Salz
etwas Kümmel
¼ l warme Rinderkraftbrühe
Pfeffer
3 Schalotten, fein gehackt
2–3 Eßlöffel Weißweinessig
5 Eßlöffel Öl

½ Bund Schnittlauch, in Röllchen geschnitten

Die Kartoffeln waschen und in Salzwasser mit etwas Kümmel in etwa 30 Minuten gar kochen.

Die heißen Kartoffeln schälen und in dünne Scheiben schneiden. Schalottenwürfel, Salz, Pfeffer, Essig, Öl und warme Brühe verrühren, über die Kartoffelscheiben geben und mischen.

Den Salat kurz durchziehen lassen und mit Schnittlauchröllchen bestreuen.

Hansen

Krautsalat

Für 4 Personen

½ Kopf Weißkraut
Salz
50 g Speck
Pfeffer
Weißweinessig und Öl nach Geschmack
evtl. Kümmel

Den halben Weißkrautkopf in der Mitte durchschneiden, Strunk herausschneiden und das Kraut fein hobeln. Mit Salz bestreuen und etwa 20 Minuten ziehen lassen.

Inzwischen den Speck würfeln und in einer heißen Pfanne anbraten. Den Speck zum Weißkraut geben. Pfeffer darübermahlen und Weißweinessig und Öl im Verhältnis 1:2 darübergießen. Eventuell mit Kümmel würzen. Den Salat gut mischen und mindestens 1 Stunde durchziehen lassen.

Wenn man das gehobelte Weißkraut mit etwas heißem Wasser angießt, wird es geschmeidiger.

Selleriesalat

Für 4 Personen

1 Sellerieknolle
Salz
3 Eßlöffel Weißweinessig
5 Eßlöffel Öl
Pfeffer

Die Sellerieknolle schälen und in Viertel schneiden. Die Sellerieviertel in Salzwasser etwa 30 Minuten kochen, bis sie gerade weich sind. Die Sellerieviertel in Scheiben schneiden.

Aus ¼ Liter Kochflüssigkeit von Sellerie, Essig, Öl, Salz und Pfeffer eine Marinade zubereiten.

Die Selleriescheiben mit der Marinade übergießen und mindestens 30 Minuten durchziehen lassen.

Lauch-Zwiebelkuchen

Für 20 Stücke

Für den Teig

375 g Mehl
2 Teelöffel Salz
250 g Butter
3 Eigelb

Für den Belag

2 Eßlöffel Butter
200 g Wammerl, gewürfelt
3 Stangen Lauch, in schmale Ringe geschnitten
2 Zwiebeln, gewürfelt

Für die Sauce

½ l Milch
500 g Sahne
4 Eier
Salz
Pfeffer
Muskat

Aus den angegebenen Zutaten einen Mürbeteig herstellen. Den Teig zu einer Kugel formen, in Folie wickeln und etwa 30 Minuten kühlstellen. In einer Pfanne die Butter zerlassen, erst die Wammerlwürfel, dann die Lauch- und Zwiebelwürfel hinzufügen und alles darin glasig dünsten. Ein Backblech mit Butter ausstreichen. Den Teig ausrollen und darauflegen. Das vorbereitete Gemüse gleichmäßig darauf verteilen.

Für die Sauce die Milch, Sahne und Eier miteinander verquirlen. Mit Salz, Pfeffer und Muskat abschmecken.

Die Sauce über den Belag gießen und den Lauch-Zwiebelkuchen im vorgeheizten Ofen bei 180 Grad etwa 1 Stunde backen.

Am besten schmeckt dieser herzhafte Kuchen noch lauwarm.

Getränkeempfehlung: Federweißer.

Mousse von geräuchertem Saibling

Für 8 Personen

2 geräucherte Saiblinge
1 Eßlöffel Butter
⅛ l Fischfond (Seite 62)
125 g Sahne
½ Glas Weißwein
Salz
Pfeffer
etwas Zitronensaft
2 Blatt weiße Gelatine
1 Eßlöffel trockener Sherry
250 g geschlagene Sahne

Die Saiblinge filetieren. Die Butter in einem Topf zerlassen, die Fischköpfe, Haut und Gräten hinzufügen und darin andünsten. Den Fischfond, die Sahne und den Weißwein dazugießen und das Ganze etwa 20 Minuten bei schwacher Hitze köcheln lassen.

Die Fischbrühe durch ein Tuch in eine Schüssel passieren, die Saiblingfilets hineinlegen und die Schüssel etwa 2 Stunden kaltstellen. Die Zutaten müssen gut durchkühlen.

Die gut gekühlten Zutaten fein mixen und durch ein feines Haarsieb streichen. Die Fischmasse mit Salz, Pfeffer und etwas Zitronensaft abschmecken. Die Gelatineblätter in Wasser einweichen. Den Sherry erhitzen, die ausgedrückte Gelatine darin auflösen und in die Fischmasse rühren. Die geschlagene Sahne unter die Masse ziehen und die Mousse kaltstellen.

Vor dem Servieren mit einem Eßlöffel Nockerl abstechen. Dazu paßt ein Radieserlsalat oder Feldsalat.

Hansen

Radieserlsalat

Für 4 Personen

2 Bund Radieschen
Salz
Pfeffer
2 Eßlöffel milder Essig
2 Eßlöffel Öl

Die Radieschen putzen, waschen und in dünne
Scheiben schneiden, am besten hobeln. In eine
Schüssel geben und mit Salz bestreuen. Zugedeckt
etwa 10 Minuten ziehen lassen.
Das entstandene Wasser aus der Schüssel gießen.
Reichlich Pfeffer, Essig und Öl zugeben und den
Salat mischen.

Haupt-
gerichte

Hansen

Hansen

Schweinebraten mit Kruste

Für 4 Personen

1 Schweineschulter (ca. 1,5 kg)
Pfeffer und Salz
1 kg Schweineknochen
1 Schoppen (¼ l) dunkles Bier
1 Karotte, kleingeschnitten
1 Stange Lauch, kleingeschnitten
1 Zwiebel, kleingeschnitten
¼ Sellerieknolle, kleingeschnitten

Die Schwarte der Schweineschulter rautenförmig einschneiden und das Fleisch mit Pfeffer und Salz würzen. Die Knochen in einen Bräter geben und das gewürzte Fleisch darauflegen.

In den Ofen schieben und alles bei 200 Grad in etwa 2 Stunden braten. Den Braten zwischendurch immer wieder mit etwas dunklem Bier begießen. Nach ca. 1 Stunde das kleingeschnittene Gemüse zum Schweinebraten geben und mit etwas Wasser angießen.

Den gegarten Braten aus dem Bräter nehmen und den Bratensatz mit etwa ½ Liter Wasser aufkochen. Mit Pfeffer und Salz abschmecken und den Bratensaft durch ein feines Sieb streichen. Dazu Kartoffelknödel (Seite 68) und Krautsalat (Seite 38) reichen.

Getränkeempfehlung: Bier.

Spanferkelkoteletts

Für 4 Personen

1 Spanferkelkarree (1,5 kg)
Salz und Pfeffer
Fett zum Anbraten

Das Karree in Kotelettstücke schneiden oder den Metzger darum bitten.

Die Koteletts von beiden Seiten mit Salz und Pfeffer würzen und im heißen Fett in einer ofenfesten Pfanne anbraten. Anschließend die Pfanne in den Ofen schieben und die Koteletts bei 150 Grad in 10 Minuten fertiggaren.

Dazu Bayrisch Kraut (Seite 70) und Kaspreßknödel (Seite 70) reichen.

Getränkeempfehlung: dunkles Bier.

Hansen

Mit Kräutertopfen gefüllte Perlhuhnbrust

Für 4 Personen

4 Perlhuhnbrüste mit Haut und anhängendem Flügel

Für die Füllung

200 g Topfen
1 Eigelb
1 Eßlöffel gehackte Petersilie
1 Eßlöffel Schnittlauchröllchen
1 Teelöffel gehackter Kerbel
1 Scheibe Toastbrot ohne Rinde, gerieben
Pfeffer und Salz

Öl zum Anbraten
30 g Butter

In jede Perlhuhnbrust vom Flügel her mit einem scharfen, spitzen Messer unter die Haut eine Tasche schneiden.

Für die Füllung alle angegebenen Zutaten verrühren, in den Spritzbeutel füllen und die Masse mit der Lochtülle in jede vorbereitete Perlhuhnbrust-Tasche spritzen.

Die mit Pfeffer und Salz bestreuten Perlhuhnbrüste in einer Gußeisenpfanne auf der Hautseite in Öl und Butter anbraten. Die Brüste wenden und im Ofen bei 150 Grad in ca. 20 Minuten fertiggaren.

Getränkeempfehlung: große Rotweine wie Spätburgunder, Burgunder oder Bordeaux (z. B. Château Laclaverie von Nicolas Thienpont, St-Cibard).

Entenbrust mit eigener Leber gefüllt

Für 4 Personen

250 g Entenleber
4 cl Madeirawein
1 cl roter Portwein
30 g Wammerl
50 g Butter
Salz und Pfeffer
2 Eigelb
2 Scheiben Toastbrot ohne Rinde, gerieben
4 Entenbrüste

Die Entenleber mit dem Madeirawein und Portwein marinieren und im Kühlschrank über Nacht durchziehen lassen.

Am nächsten Tag die Marinade in einen kleinen Topf abgießen und auf gut die Hälfte reduzieren. Die Leber und das Wammerl in kleine Würfel schneiden, in Butter kurz anbraten und kaltstellen.

Leber und Wammerl mit Salz und Pfeffer würzen, grob zerkleinern und im Mixer pürieren. Die Eigelbe nacheinander dazugeben. Die Fleischmasse in eine kalte Schüssel geben, das geriebene Brot und die reduzierte Marinade hinzufügen, verrühren und durch ein Haarsieb passieren.

Die Entenbrüste mit Salz und Pfeffer würzen, mit einem spitzen Messer unter die Haut eine Tasche schneiden und die Leberfarce mit einem Spritzbeutel hineinfüllen.
Die Haut rautenförmig einschneiden und die Entenbrüste auf der Hautseite in einer ofenfesten Pfanne anbraten, wenden und im Backofen bei ca. 160 Grad in 20–25 Minuten garen.

Getränkeempfehlung: reife, große Rotweine aller Regionen (z. B. Chianti Classico Reserva oder Barolo).

Bauernente

Für 2 Personen

1 küchenfertige Ente
Salz und Pfeffer

Für die Füllung

½ Apfel
½ Orange
½ Zwiebel
1 Eßlöffel gehackte Petersilie
1 Majoranzweig
1 Rosmarinzweig

1 Karotte, gewürfelt
¼ Sellerieknolle, gewürfelt
1 Stange Lauch, gewürfelt
1 Zwiebel, gewürfelt
1 l Geflügelfond
Salz und Pfeffer
brauner löslicher Saucenbinder

Die Flügel von der Ente abtrennen. Den Hals abschneiden und eventuell vorhandene Federkiele mit einer starken Pinzette entfernen. Die Ente innen und außen waschen, trockentupfen und mit Salz und Pfeffer würzen.

Für die Füllung Apfel, Orange und Zwiebel schälen und kleinschneiden. Mit der Petersilie mischen und die Ente damit füllen. Die beiden Gewürzzweige in die Füllung stecken.

Die Flügelknochen und den Hals in einen Bräter geben, darauf die Ente mit der Brustseite legen und bei 200 Grad insgesamt etwa 2 Stunden im Ofen braten.

Während des Bratens die Ente immer wieder mit dem austretenden Bratenfett begießen. Nach 1 Stunde Bratzeit die Ente wenden und die Gemüsewürfel dazugeben. 30 Minuten vor Ende der Garzeit die Ente mit dem Geflügelfond auffüllen. Am Ende der Garzeit die Ente aus dem Bräter nehmen, den Bratensatz loskochen, die Füllung herauslöffeln und unter den Fond rühren. Mit Salz und Pfeffer würzen und die Sauce mit Saucenbinder leicht andicken. Zum Schluß die Sauce durch ein Sieb streichen und abfetten.

Dazu Blaukraut (Seite 71) und Kartoffelknödel (Seite 68) reichen.

Getränkeempfehlung: roter Bordeaux (z. B. Château Thieuley rouge).

Hansen

Gebratene Gans

Für 5 Personen

1 küchenfertige Gans
Salz
Pfeffer
1 Apfel
1 Zwiebel
je 1 Rosmarin-, Thymian- und Majoranzweig
einige Stengel Petersilie
¾ l Geflügelbrühe (Seite 30)

Die Gans innen und außen waschen. Hals- und Flügelknochen abschneiden und beiseite legen. Für die Füllung den Apfel und die geschälte Zwiebel kleinschneiden und mit den Kräutern mischen.

Die Gans innen und außen mit Salz und Pfeffer würzen und die Füllung hineingeben.
Die Gans mit der Füllung nach unten in einen Bräter legen. Hals- und Flügelknochen hinzufügen und alles mit der Hälfte der Brühe begießen. Den Ofen auf 200 Grad vorheizen, den Bräter mit der Gans hineinschieben und die Gans in etwa 2½ Stunden garen. Zwischendurch immer wieder mit dem Bratensaft begießen.

Nach der Garzeit die Gans aus dem Bräter nehmen. Für die Sauce den Bratensatz mit der restlichen Brühe loskochen und auf ein Drittel einkochen. Die Sauce abfetten, mit Pfeffer und Salz würzen und durch ein Sieb passieren.

Zur gebratenen Gans passen glasierte Maronen, Blaukraut und Kartoffelknödel.

Getränkeempfehlung: trockener Rotwein, Spätburgunder (z. B. Oberbergener Vulkanfelsen von Franz Keller).

Geschmorte Gamskeule

Für 6 Personen

2 Gamskeulen
2 l Rotwein
1 Karotte, grob geschnitten
1 Zwiebel, grob geschnitten
1 Stange Lauch, grob geschnitten
¼ Knolle Sellerie, grob geschnitten
1 Lorbeerblatt
5 Wacholderbeeren
Salz und Pfeffer
Öl zum Anbraten
2 Eßlöffel Tomatenmark
Mehlbutter zum Binden

Die Knochen aus den Gamskeulen lösen und die Keulen mit einem Wurstgarn umwickeln. Die Knochen hacken.

Die Gamskeulen in eine große Schüssel legen, mit dem Rotwein begießen, das Gemüse und die Gewürze dazugeben. Das Fleisch 3 Tage darin ziehen lassen.

Anschließend das Fleisch aus der Marinade nehmen und trockentupfen. Die Keulen in einem Bräter im heißen Öl scharf anbraten und herausnehmen. Nun die Knochen in den Bräter geben und gut anrösten. Dann das Tomatenmark dazugeben, kurz mitrösten und mit der Rotweinmarinade aufgießen.

Die Gamskeulen wieder in den Bräter legen und in etwa 1½ Stunden garen. Darauf achten, daß die Gamskeulen immer mit Flüssigkeit bedeckt sind, eventuell mit Wasser aufgießen.

Die gegarten Keulen aus dem Topf nehmen und warmstellen. Den Fond auf ¾ Liter reduzieren, durch ein Sieb streichen, mit Salz und Pfeffer abschmecken und mit der Mehlbutter binden.

Die Keulen in Scheiben schneiden und dazu Semmelknödel (Seite 71) reichen.

Getränkeempfehlung: gehaltvolle, schwere Rotweine, möglichst ältere Jahrgänge (z. B. Hermitage »La Chapelle« von Paul Jaboulet).

In Rotwein geschmorte Kaninchenkeulen

Für 4 Personen

4 Kaninchenkeulen
Pfeffer und Salz
Öl zum Anbraten
5 Schalotten, gewürfelt
1½ l Rotwein
½ l Kalbsjus
Mehlbutter zum Binden

Die Kaninchenkeulen mit Pfeffer und Salz würzen, in einer großen Pfanne im heißen Öl scharf anbraten und herausnehmen. Nun die Schalottenwürfel im Öl andünsten und mit dem Rotwein ablöschen. Die Kaninchenkeulen wieder hinzufügen und je nach Größe der Keulen 30–45 Minuten bei schwacher Hitze garen. Die Kaninchenkeulen herausnehmen und warmstellen.

Den Schmorsaft von den Kaninchenkeulen auf die Hälfte einkochen, mit dem Kalbsjus aufgießen, wieder einkochen lassen, mit Pfeffer und Salz abschmecken und die Mehlbutter darunterschlagen. Zum Schluß die Sauce durch ein Sieb streichen und zu den Kaninchenkeulen servieren. Dazu passen Polentadukaten (Seite 70).

Getränkeempfehlung: Spätburgunder Rotweine (z. B. Oberbergener Vulkanfelsen Spätburgunder trocken von Franz Keller).

Rehragout

Für 4 Personen

1 Rehschulter (ca. 1,2 kg)
Salz und Pfeffer
4 Eßlöffel Öl zum Anbraten
1 Karotte, gewürfelt
½ Stange Lauch, gewürfelt
¼ Sellerieknolle, gewürfelt
1 Zwiebel, gewürfelt
1 Lorbeerblatt
5 Wacholderbeeren
2 Eßlöffel Tomatenmark
1 l Rotwein
1 l Wildfond
1 kg Sahne
250 g Sauerrahm
3 Eßlöffel Preiselbeerkompott
Mehlbutter zum Binden

Die Rehschulter in ca. 4 mal 4 cm große Würfel schneiden, mit Pfeffer und Salz würzen und im heißen Öl scharf anbraten. Die Gemüsewürfel, das Lorbeerblatt und die Wacholderbeeren dazugeben. Das Tomatenmark darunterrühren und mit ¼ Liter Rotwein ablöschen, die Flüssigkeit auf die Hälfte reduzieren, noch ¼ Liter Wein dazugießen und auf die Hälfte reduzieren. Den restlichen Wein und den Wildfond dazugeben und das Ragout bei schwacher Hitze etwa 30 Minuten fertiggaren.

Das Fleisch aus der Sauce nehmen, diese durch ein Sieb streichen, die Sahne dazugeben und die Sauce auf die Hälfte reduzieren. Den Sauerrahm und die Preiselbeeren dazugeben und die Sauce etwas reduzieren. Die Sauce mit Mehlbutter binden, mit Pfeffer und Salz abschmecken.

Den *Wildfond* bereiten wir aus gehackten Wildknochen (z. B. von Gamskeulen) zu. Für 2 Liter Brühe etwa 2 kg Knochen in heißem Öl im Bräter anrösten, 1 Bund kleingeschnittenes Suppengrün und 3 Eßlöffel Tomatenmark hinzufügen. Etwas Salz, 1 Lorbeerblatt und 5 Wacholderbeeren dazugeben. Mit 2½ Litern Rotwein aufgießen und 2 Stunden im geschlossenen Topf köcheln lassen. Zum Schluß die Sauce durch ein Sieb streichen.

Getränkeempfehlung: etwas kräftige, vollmundige Rotweine.

Rehrücken mit glasierten Maronen

Für 4 Personen

1 Rehrücken (1,2 kg)
Öl zum Anbraten
1 Karotte, grob geschnitten
1 Zwiebel, grob geschnitten
1 Stange Lauch, grob geschnitten
1 Eßlöffel Tomatenmark
1 Lorbeerblatt
5 Wacholderbeeren
¼ l Rotwein
½ Wildfond
Salz
Pfeffer

Für die Maronen

200 g Maronen
80 g Butter
2 Eßlöffel Zucker
4 cl Rotwein

Den Rehrücken am besten beim Händler vom Knochen lösen und sauber zuschneiden lassen. Kleingehackte Knochen mitnehmen.

Für die Sauce die Knochen in heißem Öl kräftig anrösten. Das Wurzelgemüse mitrösten und mit dem Tomatenmark tomatisieren. Mit Rotwein ablöschen, mit dem Wildfond aufgießen. Lorbeerblatt und Wacholderbeeren dazugeben, reduzieren und passieren.

Inzwischen den Backofen auf 200 Grad vorheizen. Die Maronen kreuzweise einschneiden, auf einem Backblech ausbreiten und in den vorgeheizten Backofen schieben. Die Maronen etwa 15 Minuten garen, bis sich die Schalen leicht ablösen lassen.

Anschließend den Rehrücken mit Pfeffer und Salz würzen und von beiden Seiten im heißen Öl kräftig anbraten. Dann in den Ofen schieben und das Fleisch in 15–20 Minuten bei 200 Grad garen.

Nun die reduzierte Sauce passieren und eventuell mit etwas Mehlbutter binden. Mit Pfeffer und Salz abschmecken.

Für die Beilage die Butter in einer Pfanne zerlassen, den Zucker hinzufügen und so lange rühren, bis der Zucker geschmolzen und goldbraun geworden ist. Die geschälten Maronen hinzufügen, vorsichtig wenden und mit dem Rotwein ablöschen. Die Flüssigkeit kurz einkochen lassen.

Den Rehrücken in Scheiben schneiden, die Sauce darübergießen und mit den glasierten Maronen servieren. Dazu paßt Brokkoli.

Getränkeempfehlung: Haarolter Bürgergarten, Dunkelfelder Rotwein von K. H. Kaub/Neustadt-Haarolt.

Hausen

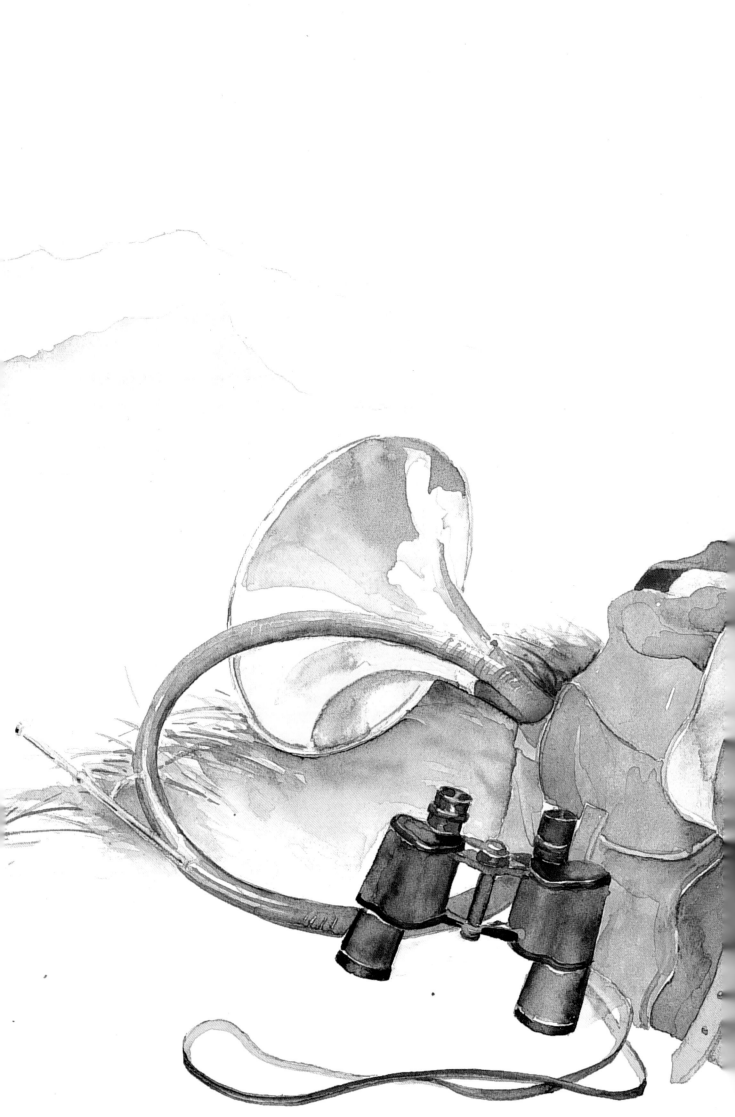

Hausen

Kalbsherz mit Rahmkohlrabi

Für 4 Personen

Für die Rotweinsauce

50 g Butter
3 Schalotten, fein gehackt
1 Teelöffel Zucker
½ l Rotwein
⅛ l Portwein
⅛ l Madeirawein
½ l Kalbsjus
Salz und Pfeffer
4 cl Cassis
evtl. löslicher Saucenbinder

Für den Rahmkohlrabi

3 mittelgroße Kohlrabi
500 g Sahne
Salz und Pfeffer
Muskat
Mehlbutter zum Binden
1 Eßlöffel geschlagene Sahne

1 Kalbsherz
Salz und Pfeffer
Öl zum Anbraten

Zuerst die Sauce zubereiten. Dafür die Butter zerlassen, die Schalottenstückchen hinzufügen, mit dem Zucker bestreuen und karamelisieren. Die Schalotten mit dem Rotwein ablöschen, Portwein und Madeira dazugeben und alles gut auf die Hälfte reduzieren. Den Kalbsjus dazugießen und wieder auf die Hälfte reduzieren. Zum Schluß mit Salz und Pfeffer würzen und mit Cassis abschmekken. Die Sauce nach Belieben mit etwas Saucenbinder binden und durch ein Sieb streichen.

Die Kohlrabi schälen, in Scheiben schneiden, in kochendes Salzwasser geben und etwa 10 Minuten kochen lassen. Die Kohlrabischeiben mit einer Schaumkelle aus dem Wasser nehmen und in kaltem Wasser abschrecken.

Etwa ½ Liter von der Kochflüssigkeit auf die Hälfte reduzieren. Dann mit der Sahne aufgießen. Die Rahmsauce aufkochen, mit Salz, Pfeffer, Muskat abschmecken und mit der Mehlbutter binden. Erst vor dem Servieren etwas geschlagene Sahne unter die Sauce ziehen.

Vom Herz die Muskelfasern entfernen, dann in 4 Teile schneiden. Die Viertel mit Salz und Pfeffer würzen und im heißen Öl von allen Seiten anbraten. Im Backofen bei 180 Grad in etwa 10 Minuten fertiggaren.

Getränkeempfehlung: leichte bis mittelschwere Rotweine (z. B. Blauer Spätburgunder Pinot Noir von Josef Jamek, Wachau).

58

Kalbslüngerl

Für 4 Personen

1 Lunge vom Milchkalb
3 Eßlöffel Essig
1 Prise Salz
1 Lorbeerblatt
10 Pfefferkörner
1 mit 3 Nelken gespickte Zwiebel
3 Schalotten, gewürfelt
50 g Butter
1 Eßlöffel Mehl
1 Karotte
¼ Sellerieknolle
1 Teelöffel Kapern, gehackt
abgeriebene Schale von ½ unbehandelten Zitrone
250 g Sahne

gehackte Petersilie zum Bestreuen

Die Lunge mit den Gewürzen in einen großen Topf mit reichlich kaltem Wasser geben, zum Kochen bringen und im geschlossenen Topf etwa 30 Minuten köcheln lassen. Anschließend mit einem Schaumlöffel herausnehmen und in kaltem Wasser abschrecken. Die abgekühlte Lunge in feine Streifen schneiden. Die Brühe von der Lunge aufbewahren.

Die Schalottenwürfel in der Butter andünsten und mit dem Mehl bestäuben. Das Ganze mit ½ Liter Lungenbrühe aufgießen und einmal aufkochen lassen. Nun Karotten und Sellerie hineinraspeln, die Kapern, Zitronenschale, Sahne und das in Streifen geschnittene Lüngerl dazugeben. Alles etwa 15 Minuten köcheln lassen. Das Kalbslüngerl mit Petersilie bestreuen und servieren.

Getränkeempfehlung: einen »Grüve« (z. B. Langenboiser Grüner Veltliner von Fam. Jurtschitsch, Kamptal/Donauland).

Kalbsnüßchen

Für 4 Personen

1 Kalbsnuß (ca. 1 kg)
Salz und Pfeffer
5 Eßlöffel Öl
50 g Butter

Die Kalbsnuß mit Salz und Pfeffer einreiben. Von allen Seiten in einem Bräter im heißen Öl auf dem Herd anbraten. Die Butter dazugeben und die Kalbsnuß im vorgeheizten Backofen bei 180 Grad in etwa 30 Minuten fertigbraten.

Das Fleisch in Scheiben schneiden und dazu Spinatknödel (Seite 68) reichen.

Getränkeempfehlung: Roero Arnais aus dem Piemont.

Tafelspitz mit zwei kalten Saucen

Für 6 Personen

1 Tafelspitz (2 kg)
Salz
½ Sellerieknolle, kleingeschnitten
1 Stange Lauch, kleingeschnitten
2 Karotten, kleingeschnitten
1 geschwärzte Zwiebel

Für die Schnittlauchsauce

10 Scheiben Toastbrot
250 g Sahne
3 Eier
Salz, Pfeffer
1 Bund Schnittlauch, in feine Röllchen geschnitten

Für den Apfelmeerrettich

1 kleines Glas Meerrettich
1 Apfel, fein geraspelt
etwas Zitronensaft
Salz, Pfeffer

Den Tafelspitz in einen Topf mit reichlich kaltem Wasser geben. Salz hinzufügen und das Wasser zum Kochen bringen. Den entstandenen Schaum abschöpfen und das grobzerteilte Gemüse in den Topf geben. Den Tafelspitz etwa 2 Stunden köcheln, bis er gar ist.

Für die Schnittlauchsauce die Brotscheiben entrinden und in der Sahne einweichen. Die Eier hartkochen, halbieren und das Eigelb herauslösen. Die eingeweichten Brotscheiben mit der Sahne und den Eigelben durch ein Sieb streichen und mit Salz und Pfeffer würzen. Zum Schluß den Schnittlauch unter die Sauce rühren.

Für den Apfelmeerrettich alle Zutaten in eine Schüssel geben und miteinander verrühren. Mit Salz und Pfeffer abschmecken.

Den Tafelspitz aus der Brühe nehmen, in Scheiben schneiden und die beiden kalten Saucen dazu servieren. Dazu passen Röstkartoffeln.

Getränkeempfehlung: ein Rosé (Côte de Provence, z. B. Domaines Gavoty).

Pochiertes Rinderfilet

Für 4 Personen

1 kg Rinderfilet (Mittelstück)
3 l Rinderkraftbrühe
200 g Butter
1 Bund Schnittlauch, in Röllchen geschnitten

Die Rinderkraftbrühe in einem großen Topf zum Kochen bringen. Das Fleischstück hineingeben und etwa 30 Minuten in der Brühe ziehen lassen.

Für die Sauce ½ l von der Brühe abmessen und in den Mixer geben. Die Butter in Stücken hinzufügen und die Sauce mixen. Die Schnittlauchröllchen darunterziehen.

Das Filet aus der Brühe nehmen, in Scheiben schneiden, auf der Sauce anrichten und mit dem Gemüse umlegen. Dazu passen Salzkartoffeln.

Getränkeempfehlung: leichte bis mittelschwere Rotweine (z. B. Laguém Dunkel Gries).

Karpfengulasch

Für 4 Personen

1 küchenfertiger Karpfen (ca. 2 kg) oder
800 g Karpfenfilet
1 Bund Suppengrün
1 Teelöffel Pfefferkörner
Salz
2 rote Paprikaschoten, gewürfelt
2 Schalotten, gewürfelt
50 g Butter
⅛ l Weißwein
125 g Sahne
Pfeffer

Den Karpfen filieren. Die Karkassen (Fischgräten) in einen Topf geben und mit kaltem Wasser gut bedecken. Suppengrün, Pfefferkörner und Salz hinzufügen. Alles erhitzen und etwa 30 Minuten zugedeckt leicht köcheln lassen. Anschließend den Fischfond durch ein feines Sieb schütten.

Die Paprika- und die Schalottenwürfel in der Butter andünsten, mit dem Weißwein ablöschen und auf die Hälfte reduzieren.

Dann ½ Liter von dem Fischfond dazugeben und wieder auf die Hälfte reduzieren. Nun die Sahne hinzufügen und nochmals ein wenig einkochen. Mit Pfeffer und Salz abschmecken.

Die Sauce mixen und durch ein Sieb streichen. Die in Stücke geschnittenen Karpfenfilets im restlichen Fischfond pochieren. Aus dem Fond nehmen und mit der Sauce überziehen.

Dieses Gericht läßt sich im Haushalt mit weniger Aufwand zubereiten, wenn man Karpfenfilets kauft und Fischfond aus dem Glas verwendet.

Fischfond bereiten wir aus den Karkassen von Edelfischen (z. B. Zander, Glatt- und Steinbutt) zu. Für 1 Liter Fond benötigt man etwa 1 kg Karkassen. Diese mit etwa 1½ Litern Wasser bedecken und dann genauso wie den Karpfenfond zubereiten.

Getränkeempfehlung: trockene Weißweine neutraler, einfach weiniger Art (z. B. Iphöfer Kronsberg Sylvaner trocken von Hans Wirsching).

Forelle mit Gemüse in der Folie

Für 4 Personen

2 Karotten, gewürfelt
¼ Sellerieknolle, gewürfelt
8 Schalotten, gewürfelt
1 Stange Lauch, gewürfelt
1 Bund Petersilie, grob zerpflückt
1 Bund Kerbel, grob zerpflückt
4 küchenfertige Forellen
Pfeffer und Salz
¼ l trockener Weißwein
¼ l Rinderkraftbrühe
250 g Butter

4 Stück starke Alufolie zum Einwickeln der Forellen

Die 4 Folienstücke nebeneinander mit der glänzenden Seite nach innen ausbreiten und auf die Mitte jeweils ein Viertel der Gemüsewürfel und der Kräuter geben.

Die Fische innen und außen mit Pfeffer und Salz würzen und auf das Gemüse und die Kräuter legen. Jede Forelle mit etwas Wein und Brühe begießen. Dann die Folien gut verschließen.

Die Fische auf dem Gemüse im vorgeheizten Backofen bei 200 Grad etwa 20 Minuten garen.

In der Zwischenzeit die Butter in einem kleinen Topf aufschäumen lassen und mit ein wenig Salz und Pfeffer würzen. Zum Fisch und Kräutergemüse reichen.

Wir bereiten auch oft fangfrische Saiblinge nach diesem Rezept zu.

Getränkeempfehlung: leichte, frische Weißweine von fruchtiger, blumiger Art (z. B. Savoyer Weißweine [Apremont], deutsche Tafel- und Qualitätsweine, auch Kabinett [Kiedricher Wasseros, Kabinett trocken von Robert Weil]).

Lachsforelle im Strudelteig auf Rieslingsauce

Für 4 Personen

300 g Mehl
5 Eßlöffel Öl
1 Prise Salz
etwa 12 Eßlöffel Wasser

flüssige Butter zum Bestreichen

Für die Füllung

1 Stange Lauch, in feine Streifen geschnitten
¼ Sellerieknolle, in feine Streifen geschnitten
2 Karotten, in feine Streifen geschnitten
Butter zum Schwenken
Salz und Pfeffer
4 Filets von der Lachsforelle (à 180–200 g)
einige Kerbelblättchen
Weißwein zum Angießen

Für die Sauce

3 Schalotten, gewürfelt
¼ l Riesling
¼ l Fischfond
250 g Sahne
1 Eßlöffel Crème fraîche
Salz und Pfeffer
löslicher Saucenbinder zum Binden

Einen geschmeidigen, glatten Strudelteig aus den angegebenen Zutaten mit den Händen kneten. (Die genaue Wassermenge hängt von der Luftfeuchtigkeit ab: Je feuchter die Luft, um so weniger Wasser wird benötigt, je trockener, um so mehr.) Den Teig zu einer Kugel formen, kreuzweise einschneiden, in Klarsichtfolie wickeln und etwa 20 Minuten kühlstellen.

Die Gemüsestreifen blanchieren, in Butter schwenken und mit Salz und Pfeffer würzen.

Den Strudelteig auf einem bemehlten Küchentuch ausrollen und über dem Handrücken hauchdünn ausziehen. In 4 gleichgroße Rechtecke schneiden.

Die Teigblätter mit flüssiger Butter bestreichen und die Gemüsestreifen in die Mitte legen. Die Fischfilets mit Salz und Pfeffer würzen und auf das Gemüse legen. Ein paar Kerbelblättchen darüberstreuen. Den Strudelteig darüberschlagen.

Die Strudeltaschen in eine ausgebutterte Form legen, mit Weißwein angießen und bei etwa 170 Grad 15 Minuten im Backofen garen.

Wir verwenden für den Strudelteig immer österreichisches Mehl, weil uns damit die Strudel erfahrungsgemäß am besten gelingen.

Für die Rieslingsauce den Weißwein mit den gewürfelten Schalotten aufkochen und auf die Hälfte reduzieren. Den Fischfond dazugießen und wieder auf die Hälfte reduzieren. Sahne und Crème fraîche hinzufügen, aufkochen und etwa 10 Minuten köcheln lassen. Saucenbinder einstreuen, die Sauce mit dem Stabmixer kurz mixen und durch ein Sieb streichen. Zum Schluß die Sauce mit Salz und Pfeffer abschmecken.

Getränkeempfehlung: Rheingau Riesling trocken (z. B. von Robert Weil).

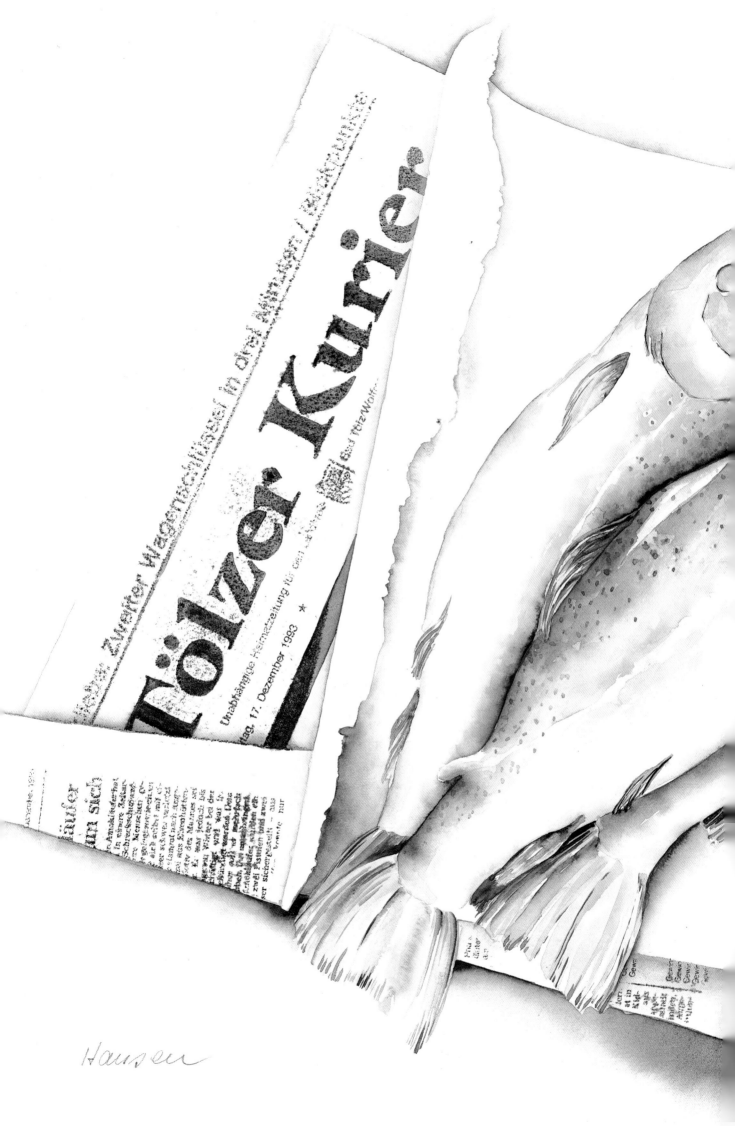

Tölzer Kurier

Hausen

Hechtnockerl auf Kerbelrahm

Für 4 Personen

500 g Hechtfilet
Salz und Pfeffer
375 g Sahne

Für die Sauce

½ l Weißwein
1 Eßlöffel Schalottenwürfel
¼ l Fischfond
250 g Sahne
Pfeffer und Salz
evtl. Saft von ½ Zitrone
2 Eßlöffel gehackter Kerbel
2 Eßlöffel geschlagene Sahne

Die Hechtfilets in kleine Würfel schneiden, mit Salz und Pfeffer würzen und zum Durchkühlen am besten kurz ins Tiefkühlfach stellen (nicht anfrieren lassen!). Die gutgekühlten Fischwürfel im Mixer pürieren und dabei nach und nach die Sahne zugeben. Die Fischmasse durch ein feines Sieb streichen und in den Kühlschrank stellen. Inzwischen reichlich Salzwasser zum Kochen bringen. Von der kalten Fischmasse mit einem Eßlöffel Nockerl abstechen und diese etwa 15 Minuten im Salzwasser ziehen lassen.

Für die Sauce zunächst eine Fischgrundsauce zubereiten. Dafür Weißwein mit den Schalottenwürfeln aufkochen und die Flüssigkeit etwa auf die Hälfte reduzieren. Dann mit Fischfond auffüllen und wieder reduzieren. Nun die Sahne hinzufügen und die Sauce nochmals etwas reduzieren. Das Ganze durch ein Sieb streichen und mit Pfeffer, Salz und eventuell etwas Zitronensaft abschmekken. Den gehackten Kerbel und die geschlagene Sahne zur warmen Fischgrundsauce geben und mit dem Stabmixer aufschlagen.

Getränkeempfehlung: frische, junge, kräftige Weißweine (z. B. Bourgogne Aligoté von Georg Dubœuf).

Beilagen

Kartoffelknödel

Für 5–6 Knödel

2 Scheiben Toastbrot
50 g Butter
6 große Kartoffeln
2 Eigelb
Salz
Muskat

Die Brotscheiben entrinden, würfeln und in schäumender Butter zu goldgelben Croûtons braten. In einem Sieb abtropfen lassen. Die Kartoffeln waschen, schälen und fein raspeln. Die Kartoffelmasse auf ein Tuch geben und ausdrücken. Dabei die Flüssigkeit in einer Schüssel auffangen, stehenlassen und die absetzende Stärke wieder zu den Kartoffelraspeln geben. Die Eigelbe, Salz und Muskat zur Kartoffelmasse geben und gut untermischen. 5–6 Knödel formen, mit den Croûtons füllen und in siedendem Salzwasser etwa 15 Minuten ziehen lassen.

Kartoffelkrapferl

Für 4 Personen

4 große mehligkochende Kartoffeln
1 Ei
1 Eigelb
Salz und Pfeffer
Muskat
ca. 70 g Mehl

Frittierfett zum Ausbacken

Die gewaschenen Kartoffeln gar kochen, dann schälen und durch die Kartoffelpresse drücken. Auskühlen lassen.

Das Ei, das Eigelb, Salz, Pfeffer und Muskat mit einem Holzlöffel darunterrühren. So viel Mehl dazugeben und unterrühren, daß ein geschmeidiger Teig entsteht.
Aus dem Teig mit einem Eßlöffel Krapferl ausstechen und diese in heißem Fett schwimmend ausbacken.

Spinatknödel

Für etwa 6 Knödel

100 g weiche Butter
2 Eier
100 g Blattspinat, blanchiert und gehackt
Salz und Pfeffer
Muskat
1 Knoblauchzehe, durch die Presse gedrückt
200 g Semmelbrösel
1–2 Eßlöffel Speisestärke

Die Butter schaumig rühren, den gehackten Blattspinat und die Eier abwechselnd dazugeben. Die Masse kräftig mit Salz, Pfeffer, Muskat und Knoblauch würzen. Die Semmelbrösel und die Speisestärke dazugeben und gut untermischen. Aus der Spinatmasse mit den Händen 6 Knödel formen.

In einem großen Topf reichlich Salzwasser zum Kochen bringen. Die Knödel hineingeben und bei schwacher Hitze etwa 10 Minuten ziehen lassen.

Schupfnudeln (Fingernudeln)

Für 4 Personen

4 mehligkochende Kartoffeln
3 Eigelb
Salz und Pfeffer
Muskat
ca. 4 Eßlöffel Speisestärke

Butter zum Braten

Die Kartoffelmasse aus den angegebenen Zutaten (wie oben beschrieben) herstellen und daraus mit bemehlten Händen etwa 5–8 cm lange Fingernudeln formen.

Inzwischen in einem großen Topf reichlich Salzwasser zum Kochen bringen. Die Fingernudeln hineingeben und ca. 10 Minuten ziehen lassen (das Wasser darf auf keinen Fall kochen). Mit einem Schaumlöffel herausnehmen und in kaltem Wasser abschrecken.

Die Fingernudeln in der Butter goldgelb braten.

Hausen

Polentadukaten

Für 4 Personen

½ l Milch
175 g Butter
Pfeffer und Salz
Muskat
150 g Maisgrieß

Die Milch und 150 g Butter mit Pfeffer, Salz und Muskat erhitzen und aufkochen lassen. Nun den Maisgrieß unter Rühren einstreuen und einmal aufkochen lassen. Den Polentabrei 1 cm dick auf ein kleines Blech streichen und abkühlen lassen. Mit einem runden Ausstecher Dukaten ausstechen. Die Polentadukaten in einer Pfanne in der restlichen Butter von beiden Seiten goldgelb braten.

Haselnußpaunzen

Für 4 Personen

4 große mehligkochende Kartoffeln
1 Ei
1 Eigelb
Salz und Pfeffer
Muskat
ca. 70 g Mehl
80 g Haselnüsse, gemahlen

Frittierfett zum Ausbacken

Die Kartoffelmasse wie für Kartoffelkrapferl beschrieben herstellen. Die Haselnüsse anrösten und unter den Kartoffelteig kneten. Mit bemehlten Händen kleine Fingernudeln formen und im heißem Fett schwimmend ausbacken.

Kaspreßknödel

Für 10–15 Knödel

15 Scheiben Toastbrot
100 g Butter
5 Scheiben Emmentaler (1 cm dick)
3 Eier
1 Eßlöffel Petersilie, fein gehackt
Salz und Pfeffer

Butter zum Braten

Die Toastbrotscheiben entrinden und würfeln. Die Hälfte davon in schäumender Butter bräunen und in einem Sieb abtropfen lassen. Die Käsescheiben ebenfalls würfeln und zu den abgetropften Brotwürfeln geben. Mit den Eiern vermengen. Die restlichen Brotwürfel und die Petersilie zu der Brot-Käse-Masse geben und vermengen. Mit Salz und Pfeffer würzen. Kleine flache Laiberl aus dem Teig formen und in Butter von beiden Seiten braten.

Bayrisch Kraut

Für 4 Personen

1 kleiner Kopf Weißkraut
1 Eßlöffel Butter
½ Zwiebel, kleingewürfelt
100 g Speck, kleingewürfelt
½ l Rinderkraftbrühe
1 Schoppen (¼ l) helles Bier
etwas Kümmel
Salz und Pfeffer

Den Weißkrautkopf vierteln, Strunk entfernen und das Weißkraut in Rauten schneiden.

Die Zwiebelwürfel in einem Topf im heißen Fett glasig dünsten, die Speckwürfel dazugeben und ebenfalls glasig braten. Das Kraut in den Topf geben und mit Brühe und Bier ablöschen. Mit Kümmel, Pfeffer, Salz würzen, den Topf verschließen und in etwa 20 Minuten gar dünsten.

Semmelknödel

Für 8–10 Knödel

8 Semmeln vom Vortag
1 Schalotte, fein gewürfelt
50 g Butter
2 Eßlöffel gehackte Petersilie
¼ l Milch
2–3 Eier
Salz und Pfeffer
Muskat

Die Semmeln in dünne Scheiben schneiden und in eine Schüssel geben. Die Schalottenwürfel in der Butter andünsten, 1 Eßlöffel von der Petersilie dazugeben, kurz durchschwenken und mit der Milch aufgießen. Das ganze aufkochen lassen und über die Semmeln gießen. Die Masse durchkneten, die Eier dazugeben und vermengen. Mit Salz, Peffer und Muskat abschmecken und kurz durchziehen lassen. Mit nassen Händen Knödel mit einem Durchmesser von etwa 8 cm formen. In kochendes Salzwasser geben und 10–15 Minuten garziehen lassen.

Zu den Semmelknödeln passen ausgezeichnet Pfifferlinge in Rahm (Rezept Seite 34).

Blaukraut

Für 4 Personen

1 kleiner Kopf Blaukraut
Salz und Pfeffer
1 l Rotwein
1 Zwiebel, gewürfelt
50 g Butter
1 Eßlöffel Zucker
1 Eßlöffel Essig
1 unbehandelte Orange
2 Nelken
½ Zimtstange
2 Äpfel, geschält
1 Eßlöffel Preiselbeerkompott
1 Kartoffel, geschält

Das Blaukraut in Viertel schneiden, den Strunk entfernen und das Kraut fein hobeln. Mit Salz und Pfeffer würzen, mit 0,8 Liter Rotwein übergießen und mit den Händen durchkneten. Das Kraut am besten über Nacht oder 12 Stunden durchziehen lassen.

Die Zwiebelwürfel in einem großen Topf in der Butter glasig dünsten und mit dem Zucker karamelisieren. Das mit Rotwein durchzogene Blaukraut und den Essig dazugeben, mit dem restlichen Rotwein aufgießen und dünsten. Die Schale von der Orange dünn abschälen und die Frucht auspressen. Den Saft zum Kraut gießen. Die Schale zusammen mit den Nelken und der Zimtstange in ein Säckchen geben, zubinden und zum Blaukraut geben. Das Kraut etwa 30–40 Minuten schmoren lassen.

Das Preiselbeerkompott zum gegarten Blaukraut geben und die Äpfel hineinreiben. Zum Schluß die rohe Kartoffel fein in das Kraut reiben, um das Blaukraut zu binden.

Tölzer Käseteller

Als Zwischengang bieten wir unseren Gästen einen Käseteller an. Der »Tölzer Kasladen« beliefert uns dazu mit den unterschiedlichsten voll ausgereiften Rohmilch-Käsesorten.

Kombiniert werden meistens Ziegen- oder Schafskäse, Weichkäse mit Innen- und Außenschimmel (z. B. Camembert oder Gorgonzola), Käse mit gepreßtem Teig (z. B. Appenzeller oder Fontina) sowie mit nachgewärmtem und gepreßtem Teig (verschiedene Hartkäse) und Frischkäse.

Welche Käsesorten wir servieren, hängt wesentlich von der Jahreszeit ab und davon, was der Kasladen gerade empfiehlt.

Folgende Käsesorten können je nach Jahreszeit auf dem Käseteller – im Uhrzeigersinn von mild bis kräftig arrangiert – kombiniert sein:

Im Frühjahr

1. Crottin de Chavignol
2. Pierre Robert
3. Tomme de Savoie
4. Gorgonzola
5. Reblochon fermier

Im Sommer

1. Valencay
2. St. Maure
3. Fromages de brebis des Pyrénées
4. Olivet cendre
5. Morbier

Im Herbst

1. Chevrotin
2. Camembert
3. Bergkäse
4. Tölzer
5. Bleu d'Auvergne

Im Winter

1. Lucullus
2. Pont-l'eveque
3. Brin d'Amour
4. Saint-Marcellin
5. Appenzeller

Mehlspeisen und Desserts

Hausen

Zwetschgenknödel mit Zimteis

Für 40 Zwetschgenknödel

1,2 kg gleichgroße mehligkochende Kartoffeln
100 g Butter
100 g Hartweizengrieß
1 schwach gehäufter Teelöffel Salz
1 Ei
1 Eigelb
200 g Mehl
40 Zwetschgen
40 Stückchen Würfelzucker

Pro Portion

50 g Butter
1 Eßlöffel gemahlene Haselnüsse
1 Eßlöffel Zucker
1 Prise Zimt

Die Kartoffeln waschen, auf ein Backblech legen und, je nach Größe, im Ofen bei 180 Grad in etwa 60 Minuten garen. Kartoffeln etwas abkühlen lassen, dann schälen und durch eine Kartoffelpresse drücken. Mit den übrigen Zutaten mit dem Kochlöffel zu einem Teig verarbeiten. Falls der Teig kleben sollte, noch etwas Mehl dazugeben. Den Teig auf einer mit Mehl bestäubten Arbeitsfläche 0,5 cm dick ausrollen und Kreise mit einem Durchmesser von etwa 8 cm ausstechen.

Die Zwetschgen entsteinen und mit je einem Stück Würfelzucker füllen. Immer eine Zwetschge in die Mitte eines Teigkreises setzen, mit Teig umhüllen und einen Knödel daraus formen. Die Knödel in schwach siedendem Salzwasser ca. 5 Minuten ziehen lassen. Mit einer Schaumkelle aus dem Wasser nehmen und gut abtropfen lassen.

Wir servieren die Zwetschgenknödel mit Haselnüssen, die in reichlich Butter mit Zucker und einer Prise Zimt geröstet werden.

Die Zwetschgenknödel lassen sich gut einfrieren, so lohnt es sich, gleich mehrere Portionen zuzubereiten.

Für das Zimteis

6 Eigelb
90 g Zucker
¼ Liter Milch
250 g Sahne
1 Teelöffel Zimt
120 g weiße Kuvertüre

Die Eigelbe und den Zucker mit einem Schneebesen zu einer schaumigen Masse verrühren. Milch und Sahne mit dem Zimt aufkochen. Noch heiß unter Rühren zur Eigelb-Zucker-Mischung gießen. Wieder in den Topf geben und die Masse ganz vorsichtig unter Rühren erwärmen, bis sie cremig den Schneebesen umhüllt.
Die Kuvertüre fein hacken und beiseite stellen. Die heiße Creme durch ein Haarsieb über die Kuvertürestückchen gießen und verrühren. Abkühlen lassen, in der Eismaschine frieren.

Zu diesem beliebten Dessert empfehlen wir einen Zwetschgenbrand von der Destillerie Jesche, Kärnten.

Hausen

Rohrnudeln auf Vanillesauce mit Backpflaumeneis

Für 8 Personen

500 g Mehl
30 g frische Hefe
0,2 l Milch
70 g Milch
70 g Butter
abgeriebene Schale von ½ unbehandelten Zitrone
1 Prise Zimt
2 Eier
1 Prise Salz

150 g Butter zum Wenden

Für die Vanillesauce

1 l Milch
2 Vanilleschoten, aufgeschlitzt
200 g Zucker
12 Eigelb

Für das Backpflaumeneis

6 Backpflaumen, kleingewürfelt
4 cl Armagnac
½ l Milch
½ l Sahne
200 g Zucker
12 Eigelb

Das Mehl in eine Schüssel sieben und in die Mitte eine Mulde drücken. Die mit etwas angewärmter Milch und einer Prise Zucker angerührte Hefe hineingeben. Mit ein wenig Mehl bedecken und an einem warmen Ort ca. 20 Minuten gehen lassen.

Die Butter zerlassen, den Zucker, die Zitronenschale, Zimt und die Eier mit der restlichen Milch und der Prise Salz zum Teig geben. Den Hefeteig gründlich mit sämtlichen Zutaten verkneten. Wenn sich der Teig von der Schüssel löst, diesen zu einer Kugel formen und nochmals 30 Minuten gehen lassen.

Den Teig in 16 gleichgroße Stücke teilen und diese zu Kugeln formen.

Die Butter in einer Kasserolle zerlassen. Die Teigkugeln darin wenden und nochmals gehen lassen. Dann dicht aneinander in eine Reihe setzen und die Rohrnudeln bei 190 Grad im Backofen etwa 40 Minuten backen.

Für die Sauce die Milch mit den aufgeschlitzten Vanilleschoten erhitzen. Inzwischen den Zucker mit den Eigelben gut verrühren. Die kochende Milch (ohne Vanilleschoten) zur Zucker-Eier-Masse gießen, unterrühren und in den Topf zurückgießen. Die Creme unter ständigem Rühren vorsichtig erwärmen, bis sie andickt und den Schneebesen umhüllt. Anschließend die Sauce durch ein Haarsieb streichen.

Für das Backpflaumeneis die Backpflaumenwürfel in Armagnac einweichen.

Milch und Sahne in einem Topf erhitzen. Zucker und Eigelbe gut verrühren. Die Milch-Sahne zur Zucker-Eigelb-Masse geben, verrühren und wieder in den Topf zurückschütten. Das Ganze so lange unter Rühren erwärmen, bis die Creme dicklich wird und den Schneebesen umhüllt. Die Masse durch ein Sieb streichen und über die eingeweichten Pflaumen mit dem Armagnac geben. In der Eismaschine frieren.

Soufflierte Orangentörtchen

Für 8 Törtchen

½ Rezept Mürbeteig, anstelle von Zitronenschale
Orangenschale verwenden
Butter für die Förmchen

Für die Füllung

⅛ l Milch
125 g Sahne
50 g Zucker
1 Vanillestange, aufgeschlitzt
2 Eigelb
20 g Stärkemehl
2 cl Orangenlikör
Orangenfilets von 2 Orangen

4 Eiweiß
6 Eßlöffel Zucker

Den Mürbeteig in 8 gleichgroße Stücke teilen.
8 Tartlettförmchen ausfetten und jedes Förmchen
mit dem Teig auslegen. Die Böden bis 180 Grad in
15 Minuten blindbacken.

Für die Füllung zunächst 5 Eßlöffel von der Milch
in eine Tasse geben und beiseite stellen. Die rest-
liche Milch mit Sahne, Zucker und Vanilleschote in
einen Topf geben und erhitzen.

Inzwischen die Stärke mit den Eigelben zu der
Milch in die Tasse geben und gut verrühren.
Die Vanillemilch einmal aufkochen lassen und vom
Herd nehmen. Die angerührte Eier-Stärke-Milch
hineinrühren. Den Topf wieder auf den Herd
stellen und die Füllung unter ständigem Rühren
einmal aufkochen lassen. Die Masse durch ein
Sieb streichen und mit dem Orangenlikör abschmecken.

Die lauwarme Füllung in die Tartletts geben und
glattstreichen. Mit den Orangenfilets belegen.
Die Eiweiße mit dem Zucker steif schlagen und in
einen Spritzbeutel mit Lochtülle füllen. Kreisför-
mig auf die Tartletts spritzen und die Törtchen bei
220 Grad etwa 10 Minuten im vorgeheizten Ofen
überbacken.

Grießsoufflé mit Orangenragout

Für 8 Personen

½ l Milch
1 Vanilleschote
100 g Weichweizengrieß
25 g Butter
25 g Zucker
5 Eigelb
7 Eiweiß
5 Eßlöffel Zucker

Für das Orangenragout

8 Blutorangen
4 Eßlöffel Zucker
4 cl Manier

Die Vanilleschote aufritzen und mit der Milch
aufkochen. Den Grieß dazuschütten und nur kurz
kochen, damit der Grießbrei nicht zu dick wird.
Den Topf mit dem Grießbrei vom Herd nehmen,
die Vanilleschote herausfischen, Butter, Zucker
und Eigelbe unter den Grieß rühren.

Eiweiß und 4 Eßlöffel Zucker zu Schnee schlagen
und unter die abgekühlte Grießmasse heben.

8 Souffléförmchen ausbuttern und mit dem restlichen Zucker ausstreuen. Die Förmchen zu zwei
Dritteln mit der Masse füllen, in ein Wasserbad
stellen und im Ofen bei 240 Grad in 25 Minuten
backen.

Inzwischen das Orangenragout zubereiten. Dazu
die Orangen schälen und filieren, dabei den Saft
auffangen. Den Zucker in einer Kasserolle bei
starker Hitze zu einem hellen Karamel schmelzen.
Mit dem Orangensaft ablöschen und den Karamel
vom Topfboden loskochen. Das Ganze abkühlen
lassen und die Orangenfilets sowie den Grand
Manier dazugeben. 30–60 Minuten durchziehen
lassen. Die Orangenfilets fächerartig auf den Tel-
lern anrichten und das Grießsoufflé daraufstürzen.

Getränkeempfehlung: Sauternes (z. B. Clos Laberè
Domaine Baron de Rothschild).

Traubenstrudel auf Weinschaum

Für 6–8 Personen

Für den Strudelteig

150 g Mehl
1 Prise Salz
2½ Eßlöffel Öl
8 Eßlöffel Wasser (je nach Luftfeuchtigkeit, Seite 63)

zerlassene Butter zum Bestreichen

Für die Füllung

375 g Muskat-Trauben
2 Eier
2 Eßlöffel Zucker
1 Prise Salz
½ Teelöffel Vanillezucker
1 Eßlöffel Mehl
50 g gemahlene Haselnüsse oder Mandeln
1 Prise Zimt

Für den Weinschaum

4 Eigelb
1 Eßlöffel Zucker
¼ l Muskatellerwein

Aus den angegebenen Zutaten einen geschmeidigen Strudelteig herstellen. Zu einer Kugel formen, mit Öl einpinseln und etwa 20 Minuten ruhen lassen.

Die Trauben halbieren und entkernen. Die Eier trennen. Die Eigelbe mit der Hälfte des Zuckers cremig schlagen und die Eiweiße mit dem restlichen Zucker, Vanillezucker und Salz steif schlagen. Den Eischnee auf die Eigelbmasse geben, das Mehl darübersieben, die Nüsse mit dem Zimt dazugeben und alles unterheben. Zum Schluß die Weintrauben unter die Creme ziehen.

Den Strudelteig auf einem bemehlten Küchentuch ausrollen und dann mit den Händen hauchdünn ausziehen. Großzügig mit zerlassener Butter bestreichen. Den Strudelteig im vorderen Drittel mit der Füllung belegen und aufrollen. Den Strudel mit Butter bestreichen und bei 180 Grad etwa 30 Minuten im Ofen backen.

Für den Weinschaum alle Zutaten in einen Topf geben und unter ständigem Rühren erhitzen. Ungeübte sollten die Sauce im Wasserbad aufschlagen.

Den Strudel in Stücke schneiden und noch warm mit der warmen Weinschaumsauce servieren.

Hansen

Blaubeer-Topfen-Gratin

Für 4 Personen

500 g Topfen
80 g Puderzucker.
50 g Stärkemehl
Schale von ½ Zitrone
2 cl Rum
4 Eigelb
4 Eiweiß
3 Eßlöffel Zucker
300 g Blaubeeren

Den Topfen mit allen Zutaten bis auf Eiweiß, Zucker und Blaubeeren verrühren. Eiweiß mit dem Zucker steif schlagen und unter die Topfenmasse ziehen. Das Ganze in eine große, flache, gebutterte Auflaufform streichen und mit den Blaubeeren belegen. Das Gratin bei 220 Grad 15 Minuten im Ofen backen.

Kaiserschmarrn

Für 1 Person als Hauptgericht, für 2 Personen als Dessert

150 g Mehl
1 Prise Salz
1 Eßlöffel Zucker
2 cl Rum
ca. ¼ l Milch
3 Eigelb
3 Eiweiß
20 g Butter

1 Eßlöffel Butter
1 Eßlöffel Zucker
1 Eßlöffel Rosinen
1 Eßlöffel Mandelblättchen

Mehl mit Salz, Zucker, Rum und Milch zu einem dünnen Teig rühren. Die Eigelbe dazugeben und unterrühren. Das Eiweiß steifschlagen und unter den Teig ziehen.

In einer Eisenpfanne die Butter zerlassen, den Teig in die Pfanne gießen und auf dem Herd kurz anbacken.

Im Ofen bei 220 Grad in etwa 25 Minuten fertigbacken. Die Pfanne aus dem Ofen nehmen und den Schmarrn mit zwei Gabeln zerreißen.

Butter, Zucker, Rosinen und Mandelblätter sofort dazugeben und unter den Schmarrn mischen.

Zum Kaiserschmarrn ein Kompott reichen.

Hollertaschen

Für 12 Personen

750 g Hollerbeeren (ohne Stiele)
150 g Gelierzucker
3 Zwetschgen, entstielt und halbiert
½ Apfel, ohne Kernhaus
1 Zimtstange
½ Zitrone
3 Gewürznelken

Kartoffelteig (Rezept Seite 78)

Pro Portion zum Wenden

50 g zerlassene Butter
1 Eßlöffel Zucker
1 Eßlöffel Semmelbrösel

Die Hollerbeeren mit allen anderen Zutaten in einen Topf geben, erhitzen und 15 Minuten bei schwacher Hitze köcheln lassen. Dann die Zwetschgen-, Apfel- und Zitronenhälften, Zimtstange und Gewürznelken herausnehmen.

Einen Kartoffelteig herstellen und 0,5 cm dick ausrollen, 36 Kreise mit einem Durchmesser von etwa 10 cm ausstechen und jeweils auf eine Kreishälfte einen gehäuften Teelöffel Holler geben. Die andere Teighälfte darüberschlagen und fest andrücken.

Die Hollertaschen in siedendes Salzwasser geben und etwa 8 Minuten ziehen lassen. Mit einer Schaumkelle herausnehmen und jeweils 3 Taschen pro Person in einer Butter-Zucker-Brösel-Mischung wälzen und anrichten.

Gegarte Hollertaschen lassen sich wunderbar einfrieren.

Getränkeempfehlung: Hollerbrand von der Destillerie Jesche, Kärnten.

Hollerkücherl

Für 4 Personen

150 g Mehl
1 Prise Salz
1 Eßlöffel Zucker
ca. ¼ l Weißwein
3 Eier
4 Hollerblütendolden

Fett zum Ausbacken

Aus Mehl, Salz, Zucker und dem Wein einen dünnflüssigen Teig herstellen. Die Eier trennen, die Eigelbe zum Teig geben, die Eiweiße steif schlagen und unter den Teig heben.

Die Hollerblüten so durch den Teig ziehen, daß sie davon völlig umhüllt werden. Die Blüten im heißen Fett schwimmend ausbacken, bis sie eine schöne goldene Farbe angenommen haben.

Rahmdalken mit Beerenragout

Für 8 Personen

120 g Mehl
125 g Sauerrahm
100 g Zucker
4 Eigelb
abgeriebene Schale von ½ Zitrone
4 Eiweiß
geklärte Butter zum Braten (ersatzweise
Butterschmalz)

Für das Beerenragout

1 l halbtrockener Rotwein
0,2 l roter Johannisbeersaft
Saft von 1 Zitrone
0,1 l Orangensaft
4 cl Cassislikör
250 g Zucker
4 Eßlöffel Stärkemehl
250 g tiefgekühlte Himbeeren
400 g Erdbeeren
250 g Heidelbeeren
250 g Johannisbeeren
250 g Himbeeren
250 g Brombeeren

Aus Mehl, Sauerrahm, Zucker und Eigelben einen Rührteig herstellen. Mit der Zitronenschale aromatisieren. Die Eiweiße zu Schnee schlagen und unter den Teig ziehen.

Geklärte Butter in einer Pfanne erhitzen und jeweils 1–2 Eßlöffel Teig für ein Plätzchen in das heiße Fett geben. Die Plätzchen bei schwacher Hitze backen, damit sie gut durchbacken.

Für das Beerenragout Rotwein, Säfte und Likör mit dem Zucker aufkochen. Das Stärkemehl mit etwas Wasser anrühren und in die kochende Flüssigkeit gießen. Das Ganze aufkochen, vom Herd nehmen und zum Abkühlen die gefrorenen Himbeeren dazugeben. Anschließend die frischen Beeren unter das Ragout heben.

Das Ragout mit den Rahmdalken anrichten, besonders fein schmeckt noch eine Kugel weißes Schokoladeneis dazu.

Zum Beerenragout paßt auch eine leicht geschlagene Vanillesahne.

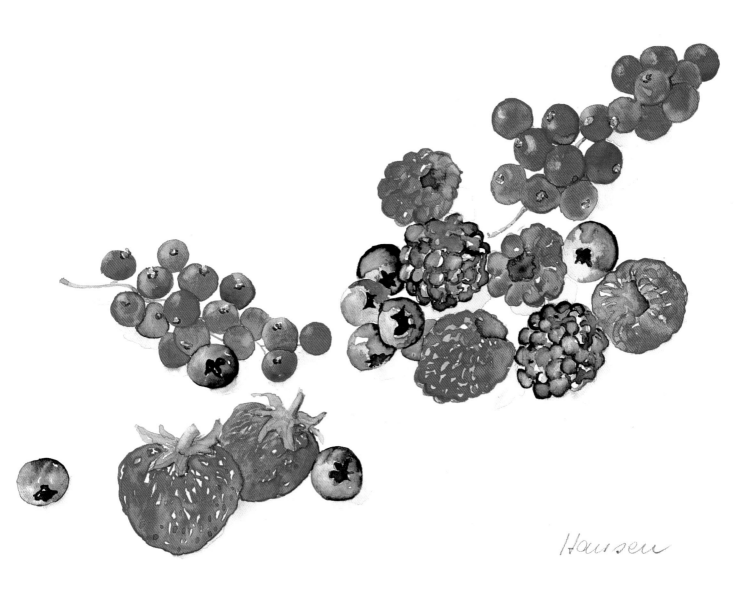

Hansen

Rhabarbercharlotte mit Erdbeersauce

Für 8 Personen

4 Eier
50 g Zucker
1 Prise Salz
70 g Mehl

100 g Erdbeer-Rhabarber-Marmelade, erhitzt

Für die Füllung

500 g Rhabarber
3 Eßlöffel Zucker
½ l Wasser
½ l halbtrockener Weißwein
Saft von ½ Zitrone
1 Zimtstange
16 Blatt weiße Gelatine
Aperol nach Belieben

Für die Sauce

500 g Erdbeeren
etwa 3 Eßlöffel Zucker
evtl. 1 Spritzer Zitronensaft

Aus den Eiern, dem Zucker, Salz und Mehl einen Biskuitteig herstellen. Auf ein mit Backpapier belegtes Blech streichen und bei 200 Grad etwa 10 Minuten backen. Nach dem Backen den Kuchen stürzen und das Papier abziehen. Die Teigplatte mit der erhitzten Marmelade bestreichen und aufrollen. Abkühlen lassen und die Rolle in dünne Scheiben schneiden. Eine Eisbombenform oder eine hohe runde Schüssel mit den Biskuitscheiben auslegen.

Den Rhabarber schälen, in Stücke schneiden, mit dem Zucker bestreuen und etwa 20 Minuten ziehen lassen.

Wasser und Wein mit dem Zitronensaft und der Zimtstange zum Kochen bringen. Die Rhabarberstückchen hineingeben, einmal aufkochen lassen und vom Herd nehmen. Der Rhabarber soll noch bißfest sein.

Die Gelatine in kaltem Wasser einweichen. Vom abgekühlten Rhabarbersud ¾ Liter abmessen und in einem Topf aufkochen. Eventuell mit Zucker und Aperol abschmecken.

Die eingeweichte Gelatine in die heiße Flüssigkeit geben uund darin auflösen. Den Rhabarbersud kaltstellen. Sobald er zu gelieren beginnt, die Rhabarberstückchen unterziehen und die Masse in die vorbereitete Form streichen. Die Charlotte im Kühlschrank festwerden lassen.

Für die Sauce die Erdbeeren pürieren. Mit dem Zucker und eventuell mit etwas Zitronensaft abschmecken.

Vor dem Servieren die Rhabarbercharlotte stürzen, in 8 Portionen schneiden und mit der Erdbeersauce servieren.

Kuchen & Gebäck

Nachmittags bieten wir unseren Gästen Kaffee und Kuchen an. Der Kuchen wird immer selbstgebacken, und das Angebot richtet sich nach der Saison. Fast immer gibt's Käsekuchen, der ohne Boden zubereitet wird. Ein besonders beliebter Kuchen ist der Birnen-Nuß-Kuchen, der schnell zubereitet ist und mit den verschiedensten Beeren und Früchten einfach traumhaft schmeckt.

In der Vorweihnachtszeit reichen wir einen kleinen Gebäckteller zum Kaffee.

Mürbeteig (Grundrezept)

300 g Mehl
200 g Butter
100 g Zucker
1 Eigelb
abgeriebene Schale von 1 Zitrone

Mehl, Butter, Zucker, Eigelb und Zitronensaft zu einem glatten Teig verkneten. Eine Teigkugel formen und diese in Folie wickeln. Den Teig 30 Minuten kühlstellen.

Apfelkuchen

Für 12 Stücke

1 Rezept Mürbeteig
100 g gemahlene Haselnüsse
8 mittelgroße Äpfel
2 Eßlöffel Zitronensaft
2 Eßlöffel Zucker
1 Prise Zimt
1 Eßlöffel Rum

Zwei Drittel vom Mürbeteig ausrollen und Boden und Rand einer gefetteten Springform mit einem Durchmesser von 30 cm auslegen. Den Teig mit den gemahlenen Haselnüssen bestreuen.

Die Äpfel ausstechen, schälen und hobeln. Zitronensaft, Zucker, Zimt und Rum verrühren, über die gehobelten Äpfel geben und mischen.

Die Apfelmasse in die Springform füllen und glattstreichen. Den restlichen Mürbeteig als Deckel ausrollen und auf den Apfelkuchen legen. Den Kuchen im vorgeheizten Backofen bei 180 Grad etwa 1 Stunde backen.

Aprikosenstreuselkuchen

Für 12 Stücke

⅔ Rezept Mürbeteig
600 g Aprikosen, entsteint und halbiert
6 Eier
20 g Zucker
150 g Mehl
100 g Stärkemehl
80 g flüssige Butter
1 Prise Salz
abgeriebene Schale von einer Zitrone

Für die Streusel

150 g Mehl
75 g Zucker
75 g Butter
1 Prise Zimt

Den Mürbeteig dünn ausrollen und ein gefettetes Blech oder Springform (Durchmesser 30 cm) damit auslegen. Den Mürbeteigboden im vorgeheizten Ofen bei 180 Grad etwa 10 Minuten blindbakken.
Die Eier mit dem Zucker über einem heißen Wasserbad aufschlagen, dann über einem kalten Wasserbad aufschlagen. Das Mehl und die Stärke über die Creme sieben, mit der Butter, dem Salz und der Zitronenschale unter die Masse heben. Diesen Teig auf den Mürbeteigboden streichen und mit den Aprikosenhälften belegen.
Aus Mehl, Zucker, Butter und Zimt Streusel herstellen. Diese gleichmäßig über die Aprikosen verteilen.
Den Kuchen im vorgeheizten Ofen bei 190 Grad etwa 50 Minuten backen.

Birnen-Nuß-Kuchen

Für 12 Stücke

250 g weiche Butter
250 g Zucker
4 Eier
250 g Mehl
1 Teelöffel Backpulver
1 Prise Zimt
1 Eßlöffel Kakaopulver
150 g gemahlene Haselnüsse
3 mittelgroße Birnen

Die Butter mit dem Zucker schaumig rühren. Die Eier nacheinander dazugeben und verrühren.

Mehl und Backpulver mischen, über die Eier-Butter-Mischung sieben und darunterrühren. Zum Schluß Zimt, Kakao und Haselnüsse unter den Rührteig heben.

Die Birnen achteln, schälen und entkernen. Die Birnenachtel in feine Scheiben schneiden und unter den Rührteig heben.

Den Teig in eine gefettete Springform mit einem Durchmesser von etwa 30 cm füllen und glattstreichen.

Den Kuchen bei 180 Grad auf der mittleren Schiene etwa 50 Minuten backen.

Käsekuchen

Für 12 Stücke

250 g weiche Butter
200 g Zucker
6 Eier
1 Teelöffel Vanillezucker
abgeriebene Schale und Saft von 1 unbehandelten Zitrone
5 Eßlöffel Weichweizengrieß
1 Teelöffel Backpulver
1 kg trockener Topfen

Butter und Zucker schaumig rühren. Die Eier trennen. Die Eigelbe zur Butter-Zucker-Masse geben und verrühren, die Eiweiße beiseite stellen.

Vanillezucker, Zitronenschale und -saft sorgfältig unter die Eigelbmasse rühren, dann Grieß, Backpulver und Topfen.
Nun die Eiweiße zu Schnee schlagen und unter die Topfenmasse heben.

Den Käsekuchenteig in eine gefettete Springform mit einem Durchmesser von mindestens 30 cm füllen und bei 180 Grad etwa 55 Minuten backen.

Der Teig darf in der Form nicht zu hoch sein, damit die Käsemasse wirklich gut durchbackt.

Vanillekipferl

Ergibt etwa 60–80 Kipferl

300 g Butter
300 g Mehl
300 g Haselnüsse
4 Eigelb
140 g Puderzucker

Puderzucker zum Wenden
1 Päckchen Vanillezucker

Aus den angegebenen Zutaten rasch einen mürben Knetteig herstellen. Zu einer Kugel formen, mit Folie umwickeln und am besten im Kühlschrank 30 Minuten ruhen lassen.

Aus dem Teig Kipferl formen, auf ein leicht gefettetes Blech setzen und bei 180 Grad im Ofen in etwa 10 Minuten hellgelb backen.

Den Puderzucker mit dem Vanillezucker mischen und die warmen Kipferl darin wenden.

Albertkekse

Für etwa 180 Kekse

125 g weiche Butter
250 g Zucker
4 Eier
500 g Mehl
250 g Stärkemehl
1 Teelöffel Backpulver
1 Teelöffel Vanillezucker

Zuerst Butter und Zucker schaumig rühren, dann die Eier nach und nach unter Rühren dazugeben. Das Mehl mit Stärkemehl, Backpulver sowie Vanillezucker mischen und unter die Eiermasse kneten. Den Teig etwa ½ cm dünn ausrollen und mit Förmchen Figuren ausstechen.

Die Plätzchen auf ein leicht gefettetes Blech setzen und bei 180 Grad in etwa 10 Minuten hellgelb backen.

Buttergebäck

Für etwa 300 Plätzchen

500 g Butter
4 Eigelb
250 g Zucker
750 g Mehl
abgeriebene Schale und Saft von 1 unbehandelten Zitrone

Aus den angegebenen Zutaten rasch einen Knetteig herstellen. Den Teig zu einer Kugel formen, in Folie hüllen und etwa 1 Stunde im Kühlschrank ruhen lassen.

Den Teig auf einer bemehlten Arbeitsfläche ganz dünn ausrollen und mit beliebigen Förmchen Plätzchen ausstechen. Die Plätzchen auf ein leicht gefettetes Blech setzen und in 6–8 Minuten bei 180 Grad hellgelb backen.

Hausen

Adressen

Schweizer Wirt
Schlegldorf 83
83661 Lenggries
Telefon 08042/8902
Telefax 08042/3483

Der Kasladen von Tölz
Inh. Susanne Hofmann
Westenrieder Straße 16
80331 München
Telefon 089/226322

Rungis-Expreß GmbH
Lieferant für frische Lebensmittel aus aller Welt
Industriestraße 20
74589 Satteldorf
Telefon 07951/4840
Telefax 07951/484400

Edelbrände und Obstler beziehen wir von:

Destillerie Wilhelm Jesche
Winklern 19
9541 Einöde/Treffen
Kärnten – Austria
Telefon 04248/2807

Lantenhammer
Edelbrand-Destillerie
Bayrischzeller Straße 13
83727 Schliersee

Unsere Weine liefern uns überwiegend:

A. Segnitz & Co.
Büro- und Lageradresse
28844 Weyhe
Löwenhof

Garibaldi
Eberhard Spangenberg
Lager und Büro:
Frohschammerstr. 14
80807 München
Telefon 089/3590222

Gutsvertretung Schardt
Sonnental 24
83677 Greiling
Telefon 08041/41570
Telefax 08041/73110

Vinothek Raßhofer
Karl-Pfund-Weg 8
83661 Lenggries
Telefon 08042/8749

Weinimport
Karl-Heinz Kögler
Mozartstr. 76
85521 Ottobrunn
Telefon 089/6098090
Telefax 089/6090735

Schweizer Wirt

Schlegldorf 83
83661 Lenggries
Telefon 0 80 42/89 02
Fax 0 80 42/34 83

Ruhetag: Montag
Dienstag ab 18 Uhr geöffnet

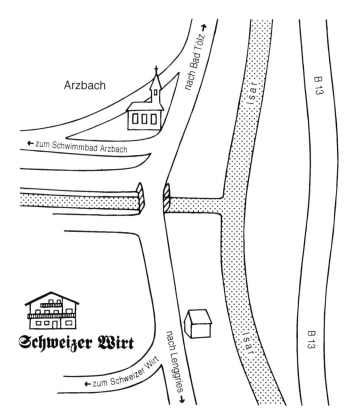